コンプライアンス・オフィサー認定試験

金融コンプライアンス・オフィサー2級のあらまし

◆「金融コン[illegible]」とは

本試験は，[illegible]ー協会より，銀行業務検定協会が試験実施[illegible]検定試験と併行実施されているものです。

受験資格はいっさい問いません。ただし，本試験の内容は，金融機関の初級・中級管理者および一般行職員の方々を対象として，日常業務において直面するコンプライアンスに関する諸問題に対処するために必要な実務知識の習得度合を判定するものであることを，あらかじめご了承ください。

＊　CBT方式による試験実施については⑶頁参照。

◆2024年６月（第62回）「金融コンプライアンス・オフィサー２級」試験結果

2024年６月（第62回）「金融コンプライアンス・オフィサー２級」試験の結果は，下表のとおりです。

業態別成績一覧表（年齢・勤続年数は，受験者の平均です。）

	都銀特銀	地銀	信託	第二地銀	信金	信組	信連農協	労金	生保損保	証券	郵政	他団体個人	全体
応募者数	16	269	37	73	397	215	325	13	2	1	1	109	1,458
応募比率	1.10	18.45	2.54	5.01	27.23	14.75	22.29	0.89	0.14	0.07	0.07	7.48	100.00
受験者数	15	250	33	69	378	202	300	10	1	1	1	93	1,353
受験率	93.75	92.94	89.19	94.52	95.21	93.95	92.31	76.92	50.00	100.00	100.00	85.32	92.80
認定者数	14	201	29	50	228	93	149	8	1	1	1	75	850
認定率	93.33	80.40	87.88	72.46	60.32	46.04	49.67	80.00	100.00	100.00	100.00	80.65	62.82
平均点	78.67	70.22	70.24	67.86	63.65	56.63	59.58	70.40	74.00	82.00	74.00	70.15	63.98
年齢	37.0	32.9	24.8	29.8	29.7	26.2	36.3	34.8	51.0	49.0	30.0	34.2	31.6
勤続年数	9.4	10.0	0.9	6.8	7.5	3.7	13.6	5.1	0.0	0.0	8.0	9.4	8.4

第63回　コンプライアンス・オフィサー認定試験
「金融コンプライアンス・オフィサー２級」実施要項

2024年10月（第63回）「金融コンプライアンス・オフィサー２級」の実施および内容等の概要は，次のとおりです。詳しくは日本コンプライアンス・オフィサー協会にお問合せください。

■試験事務全般に関わるもの
検定試験運営センター　（平日９：30～17：00／TEL：03-3267-4821）
■試験の内容に関わるもの
日本コンプライアンス・オフィサー協会　（平日９：30～17：00／TEL：03-3267-4826）
■ホームページ【https://jcoa.khk.co.jp/】

試験日		2024年10月27日(日)
試験時間		10：00～12：00(120分) (試験開始後30分までは入室が認められますが，試験終了時間の延長はありません。なお，試験開始後60分間および終了前10分間は退室禁止です)
受付期間		2024年８月19日(月)～９月４日(水)必着 個人申込の方は，協会のホームページからのお申込が可能です。
受験料		5,500円（税込）
持込品		受験票，筆記用具（HB程度の鉛筆・シャープペンシル，消しゴム） （注）六法等は使用できません。
試験内容	出題形式	四答択一式（マークシート）
	科目構成 出題数	金融機関とコンプライアンス　10問 金融取引とコンプライアンス　30問 内部のリスク管理態勢とコンプライアンス　10問 合計50問
	配点	１問２点（合計100点）
認定基準		100点満点中60点以上 （試験委員会にて最終決定します）
正解発表		試験実施３日後（原則として17：00以降）に上記ホームページで公表します。
成績通知		試験実施約４週間後から成績通知書と，認定された方には認定証書をお送りします（解答用紙は返却いたしません）。

※適用される法令等は，原則として試験実施日現在のものです。
※正解等について，日本コンプライアンス・オフィサー協会への電話でのお問合せはいっさいお断りしていますので，ご了承ください。
※「金融コンプライアンス・オフィサー２級」は，通常年２回（６月・10月）実施しています。

CBT方式　コンプライアンス・オフィサー認定試験
「CBT金融コンプライアンス・オフィサー2級」実施要項

CBT方式によるコンプライアンス・オフィサー認定試験の実施につき，本種目の概要は，次のとおりです。

※CBT方式コンプライアンス・オフィサー認定試験は，株式会社CBTソリューションズの試験システムおよびテストセンターにて実施します。

■試験の内容についてのお問合せ
日本コンプライアンス・オフィサー協会（経済法令研究会 検定試験運営センター）
HP：https://jcoa.khk.co.jp/　TEL：03-3267-4826（平日9：30～17：00）
お問合せフォーム：https://www.khk.co.jp/contact/

■試験の申込方法や当日についてのお問合せ
株式会社CBTソリューションズ　受験サポートセンター
TEL：03-5209-0553（8：30～17：30 ※年末年始を除く）

実施日程	**2024年5月1日（水）～2025年3月31日（月）**
申込日程	**2024年4月28日（日）～2025年3月28日（金）** ※株式会社CBTソリューションズのホームページからお申込ください。 https://cbt-s.com/examinee/
申込方法	＜個人申込＞ インターネット受付のみ ＜団体申込＞ 検定試験運営センターCBT試験担当（03-3267-4821）までお問合せください。
受験料	5,500円（税込）
会場	全国の共通会場（テストセンター）にて実施
出題形式	CBT四答択一式　120分
科目構成 出題数	金融機関とコンプライアンス　10問 金融取引とコンプライアンス　30問 内部のリスク管理態勢とコンプライアンス　10問 計50問
出題範囲	コンプライアンス・オフィサー認定試験（紙試験）と同様
認定基準	100点満点中60点以上
結果発表	即時判定。 試験終了後に，スコアレポート・出題項目一覧が配付されます。 受験日の翌日以降，認定者はマイページから認定証書をダウンロードしてください。

※2024年度は，原則として2024年4月30日現在で施行されている法令等にもとづいて出題されます。

金融コンプライアンス・オフィサー２級　出題範囲

1．金融機関とコンプライアンス

(1)　コンプライアンス態勢の構築

①　行動憲章

②　組織

③　銀行法等による規制

④　公益通報者保護法　ほか

(2)　企業経営

①　取締役・取締役会・監査役の役割

②　銀行の業務

③　利益供与

④　株主代表訴訟

⑤　贈収賄

⑥　特別背任

⑦　苦情・トラブル対応

⑧　反社会的勢力への対応

⑨　個人情報保護法　ほか

2．金融取引とコンプライアンス

(1)　民法関連

①　説明義務

②　貸手責任

③　提携ローンと抗弁

④　使用者責任

⑤　守秘義務

⑥　善管注意義務

⑦　権利の濫用

⑧　公序良俗に反する融資

⑨　相続

⑩　取引約款　ほか

(2)　会社法（手形法・小切手法を含む）等関連

①　預合い・見せ金

②　情実融資

③　利益相反取引
④　取締役の第三者に対する責任
⑤　商慣習・取引約款　ほか

(3)　刑法関連
①　詐欺・電子計算機使用詐欺
②　横領・背任
③　文書偽造・変造
④　有価証券偽造・変造
⑤　公正証書原本不実記載
⑥　電磁的記録不正作出
⑦　支払用カード電磁的記録不正作出
⑧　共犯・幇助　ほか

(4)　銀行法関連
①　銀行法による金融商品取引法の準用
②　預金との誤認防止措置
③　大口信用供与規制
④　取締役への融資
⑤　営業免許制度
⑥　銀行等代理業　ほか

(5)　独占禁止法関連
①　他行とのカルテル・談合
②　優越的地位の濫用
③　不当な利益供与による顧客への誘引
④　抱合せ取引
⑤　系列取引・差別的取引・排他条件付取引
⑥　不当廉売
⑦　過大景品・誇大広告　ほか

(6)　金融商品取引法関連
①　登録金融機関の業務
②　適合性の原則
③　インサイダー取引
④　断定的判断の提供
⑤　損失補てん
⑥　広告規制

⑦　不当勧誘・禁止行為
⑧　書面交付義務
⑨　詐欺的行為の禁止
⑩　相場操縦の禁止
⑪　風説の流布
⑫　投信の販売
⑬　金融商品仲介業　ほか

(7)　諸法関連
①　出資法
②　預金等不当契約取締法
③　金融サービスの提供及び利用環境の整備等に関する法律・消費者契約法
④　所得税法
⑤　外為法
⑥　麻薬特例法・組織的犯罪処罰法
⑦　弁護士法・税理士法
⑧　宅建業法
⑨　保険業法
⑩　知的財産権法
⑪　犯罪収益移転防止法
⑫　個人情報保護法
⑬　偽造・盗難カード等預貯金者保護法
⑭　振り込め詐欺救済法　ほか

3．内部のリスク管理態勢とコンプライアンス

(1)　文書・書類の管理
①　文書管理マニュアルの作成
②　電子データ化と文書保存義務
③　内部文書の管理　ほか

(2)　高齢化社会のリスク管理
①　高齢者取引
②　成年後見制度　ほか

(3)　情報管理態勢
①　銀行秘密

② インサイダー情報の管理
③ 信用照会制度
④ 裁判所の文書提出命令，公的機関の照会
⑤ システムリスク
⑥ 電子マネー・電子決済
⑦ 個人情報の管理態勢　ほか

(4) 契約・取引管理
① 行員の代筆
② 保証否認
③ 電子商取引
④ 電子記録債権
⑤ 当座開設　ほか

(5) 人事・労務管理
① 組合活動
② 男女差別
③ セクシュアル・ハラスメント
④ パワーハラスメント
⑤ マタニティ・ハラスメント
⑥ 労働契約法
⑦ パートタイム，労働者派遣法　ほか

※この試験に適用される約定書・規定類の内容は，原則として，これまでに全国銀行協会において作成されたもの（ひな型等）にもとづきます。

金融コンプライアンス・オフィサー２級　目次

※　2023年３月（第58回）・2024年３月（第61回）には，金融コンプライアンス・オフィサー２級試験は実施されておりません。

☆本書の内容等に関する訂正等について☆

本書の内容等につき発行後に誤記の訂正等の必要が生じた場合には，当社ホームページに掲載いたします。

（ホームページ 書籍・DVD・定期刊行誌 メニュー下部の 追補・正誤表）

金融コンプライアンス・オフィサー２級　出題項目一覧

分野		出題項目	年	月	回	問
金融機関とコンプライアンス	コンプライアンス態勢の構築	金融機関におけるコンプライアンス	2024	6	62	1
			2023	10	60	1
			2023	6	59	1
			2022	10	57	1
		銀行法による規制	2024	6	62	2
			2023	10	60	2
			2023	6	59	2
			2022	10	57	2
		公益通報者保護法	2024	6	62	3
			2023	10	60	3
			2023	6	59	3
			2022	10	57	3
	企業経営	利益供与	2024	6	62	4
			2023	10	60	4
			2023	6	59	4
			2022	10	57	4
		株主代表訴訟	2024	6	62	5
			2023	10	60	5
			2023	6	59	5
			2022	10	57	5
		取締役の役割等	2024	6	62	6
			2023	10	60	6
			2023	6	59	6
			2022	10	57	6
		社外取締役の設置等	2024	6	62	7
			2023	10	60	7
			2023	6	59	7
			2022	10	57	7
		監査役の役割等	2024	6	62	8
			2023	10	60	8
			2023	6	59	8
			2022	10	57	8

分　野		出題項目	年	月	回	問
金融機関とコンプライアンス	企業経営	苦情・トラブルへの対応	2024	6	62	9
			2023	10	60	9
			2022	10	57	9
		接待・贈答	2024	6	62	10
			2023	6	59	9
		反社会的勢力への対応	2023	10	60	10
			2023	6	59	10
			2022	10	57	10
金融取引とコンプライアンス	民法関連	善管注意義務	2024	6	62	11
			2023	10	60	11
			2023	6	59	11
			2022	10	57	11
		守秘義務	2024	6	62	12
			2023	10	60	12
			2023	6	59	12
			2022	10	57	12
		権利の濫用・公序良俗違反	2024	6	62	13
			2024	6	62	14
			2023	10	60	13
			2023	10	60	14
			2023	6	59	13
			2023	6	59	14
			2022	10	57	13
			2022	10	57	14
		貸手責任・融資契約等	2024	6	62	15
			2023	10	60	15
			2023	6	59	15
			2022	10	57	15
		使用者責任	2024	6	62	16
			2023	10	60	16
			2023	6	59	16
			2022	10	57	16

分　野		出題項目	年	月	回	問
金融取引とコンプライアンス	民法関連	相続	2024	6	62	17
			2023	10	60	17
			2023	6	59	17
			2022	10	57	17
		取引約款	2024	6	62	18
			2023	10	60	18
			2023	6	59	18
			2022	10	57	18
	商法・会社法関連	情実融資	2024	6	62	19
			2023	10	60	19
			2023	6	59	19
			2022	10	57	19
		仮装払込	2024	6	62	20
			2023	10	60	20
			2023	6	59	20
			2022	10	57	20
		利益相反取引	2024	6	62	21
			2023	10	60	21
			2023	6	59	21
			2022	10	57	21
		手形・小切手	2024	6	62	22
			2023	10	60	22
			2023	6	59	22
			2022	10	57	22
	刑法関連	文書偽造等	2024	6	62	23
			2023	10	60	23
			2023	6	59	23
			2022	10	57	23
		（業務上）横領罪	2024	6	62	24
			2023	10	60	24
			2023	6	59	24
			2022	10	57	24

分野		出題項目	年	月	回	問
金融取引とコンプライアンス	刑法関連	背任罪	2024	6	62	25
			2023	10	60	25
			2023	6	59	25
			2022	10	57	25
		詐欺罪等	2024	6	62	26
			2023	10	60	26
			2023	6	59	26
			2022	10	57	26
		公正証書原本不実記載罪	2024	6	62	27
			2023	10	60	27
			2023	6	59	27
			2022	10	57	27
	独占禁止法関連	不当な取引制限（カルテル）	2024	6	62	28
			2023	10	60	28
			2022	10	57	28
		優越的地位の濫用	2024	6	62	29
			2023	10	60	29
			2023	6	59	28
			2022	10	57	29
		抱合せ取引	2024	6	62	30
			2023	10	60	30
	金融商品取引法関連	適合性の原則	2024	6	62	31
			2023	10	60	31
			2023	6	59	29
			2022	10	57	30
		断定的判断の提供	2024	6	62	32
			2023	10	60	32
			2023	6	59	30
			2022	10	57	31
		投資信託の販売	2024	6	62	33
			2023	10	60	33
			2023	6	59	31
			2022	10	57	32

分　野		出題項目	年	月	回	問
金融取引とコンプライアンス	金融商品取引法関連	広告等規制	2023	10	60	34
			2023	6	59	32
			2022	10	57	33
		損失補てん等の禁止	2024	6	62	34
			2023	10	60	35
			2023	6	59	33
			2022	10	57	34
		相場操縦	2024	6	62	35
		風説の流布	2024	6	62	36
			2023	10	60	36
			2023	6	59	34
			2022	10	57	35
	諸法関連	浮貸し	2024	6	62	37
			2023	10	60	37
			2023	6	59	35
			2022	10	57	36
		導入預金	2023	6	59	36
			2022	10	57	37
		偽造・盗難カード等預貯金者保護法	2024	6	62	38
			2023	10	60	38
			2023	6	59	37
			2022	10	57	38
		振り込め詐欺救済法	2024	6	62	39
			2023	10	60	39
			2023	6	59	38
			2022	10	57	39
		知的財産権	2024	6	62	40
			2023	10	60	40
			2023	6	59	39
			2022	10	57	40
		金融サービス提供法	2023	6	59	40

分野		出題項目	年	月	回	問
内部のリスク管理態勢とコンプライアンス	文書・書類の管理	文書提出命令	2024	6	62	41
			2023	10	59	41
			2023	6	59	41
			2022	10	57	41
	高齢化社会のリスク管理	成年後見制度	2024	6	62	42
			2024	6	62	43
			2023	10	60	42
			2023	10	60	43
			2023	6	59	42
			2023	6	59	43
			2022	10	57	42
		後見登記制度	2024	6	62	44
			2023	6	59	44
			2022	10	57	43
	情報管理態勢	インサイダー取引規制	2024	6	62	45
			2023	10	60	44
			2023	6	59	45
			2022	10	57	44
		信用照会制度	2023	10	60	45
		各種公的機関からの照会と対応	2024	6	62	46
			2023	10	60	46
			2023	6	59	46
			2022	10	57	45
	契約・取引管理	代筆	2023	10	60	47
			2023	6	59	47
			2022	10	57	46
		保証	2024	6	62	47
			2023	10	60	48
			2022	10	57	47

分野		出題項目	年	月	回	問
内部のリスク管理態勢とコンプライアンス	契約・取引管理	電子記録債権	2024	6	62	48
			2023	10	60	49
			2023	6	59	48
			2022	10	57	48
	人事・労務管理	パワーハラスメント	2024	6	62	49
			2023	6	59	49
			2022	10	57	49
		労働契約法	2024	6	62	50
			2023	10	60	50
			2023	6	59	50
			2022	10	57	50

金融コンプライアンス・オフィサー２級

学習のポイント

１．金融コンプライアンス・オフィサー２級について

「敵を知り己を知らば百戦危うからず」といわれますが，これは金融コンプライアンス・オフィサー２級試験においても同じです。まず，この試験では何がどのように問題とされるかを知らなくてはなりません。

この試験は，主として金融機関の営業店行職員向けに行われます。コンプライアンス・オフィサーと並んでコンプライアンス担当者は，金融機関の「法令遵守態勢」構築の要になるだけに，「遵守」の対象になる法令の幅広い知識が要求されます。ただ，金融機関にとってのコンプライアンスであり，おのずから重視されるべき法令や分野も絞られます。

２．金融コンプライアンスの対象法令

⑴　「金融機関」に対する法規制

（1）　法律

①銀行法，②長期信用銀行法，③金融機関の信託業務の兼営等に関する法律，④信用金庫法，⑤中小企業等協同組合法，⑥協同組合による金融事業に関する法律，⑦農林中央金庫法，⑧農業協同組合法，⑨水産業協同組合法，⑩森林組合法，⑪労働金庫法，⑫信用保証協会法，⑬農林漁業信用基金法，⑭金融商品取引法，⑮投資信託法（投資信託及び投資法人に関する法律），⑯保険業法，⑰出資法（出資の受入れ，預り金及び金利等の取締りに関する法律），⑱貸金業法，⑲商品ファンド法（商品投資に係る事業の規制に関する法律），⑳不動産特定共同事業法，㉑無尽業法，㉒信託業法，㉓農業信用保証保険法，㉔中小漁業融資保証法

⑵　省令・告示

2．「株式会社」に対する法規制

⑴　会社法

⑵　商法

3．「経済秩序及び市場秩序」に関する法規制

⑴　独占禁止法（私的独占の禁止及び公正取引の確保に関する法律）

⑵　不正競争防止法

⑶　金融商品取引法

⑷　商品先物取引法

⑸　消費者保護法制

①消費者基本法，②利息制限法，③出資法，④貸金業法，⑤割賦販売法，⑥特定商取引に関する法律，⑦無限連鎖講の防止に関する法律，⑧消費者契約法，⑨金融サービスの提供及び利用環境の整備等に関する法律，⑩個人情報保護法（個人情報の保護に関する法律）

4．「金融取引」に関する法規制

⑴　民法・商法・手形法・小切手法

⑵　電子消費者契約及び電子承諾通知に関する民法の特例に関する法律

⑶　特別背任罪（会社法960条）・背任罪（刑法247条）・詐欺罪（刑法246条）・業務上横領罪（刑法253条）

⑷　利息制限法

⑸　出資法

⑹　組織的犯罪処罰法（組織的な犯罪の処罰及び犯罪収益の規制等に関する法律）

⑺　預金等に係る不当契約の取締に関する法律

⑻　預金保険法

⑼　犯罪による収益の移転防止に関する法律

ここに掲げられた法令は大きく以下の４つのグループに分けられます。

第１は，業法であり，銀行法その他があります。

第２は，企業組織と経営に関する諸法であり，商法・会社法がここに入ります。

第3は，経済秩序，市場秩序に関する法令であり，独占禁止法や金融商品取引法などが入ります。

第4は，金融取引関連法です。

3．学習のポイント❶—的を絞った学習

金融コンプライアンス・オフィサー2級試験は，金融コンプライアンスの対象となる前記の法令を広く対象として学習し準備をしなくてはなりません。金融取引に関連した民法や商法の条文や論点を押さえておくだけでも広範囲にわたります。

そこで，的を絞った学習が必要になりますが，大切なのは問題意識をもってテキストや条文を読んでいくことです。よく「問いを知る者は答えを知る」といわれます。問題意識をはっきりさせていればいつか道が開け，難問に対する解答にも達することができるとの意味です。半面，問題意識をもたなければ，民法，商法・会社法を全文丸暗記したところで単なる知識の詰め込みでしかなく，実際の役には立ちません。

4．学習のポイント❷—問題を解く効用

では，問題意識をもつにはどうしたらよいかというと，問題に直面し解決のためにみずから悩み考えることです。とはいえ，日常生活においてみずから経験できる事象は限られていますし，そうした局地戦的な実践主義だけでは，他の場合にも応用できる広く柔軟な思考力を養うことはできません。最もよいのは，演習問題を解いてみて，解答，解説を読み，これと比べつつ基本テキスト，条文を丹念に読み返して確認していくことです。

そのために用いる演習問題は厳選されたものでなければならないことはいうまでもありません。その点，本書に収めた問題は，すでに出題された問題であり，ポイントを押さえた学習をするには最適です。

過去に出題された問題を題材に学習するのは意味がないと思うのは間違いです。まず，過去の出題例を学習することによって本試験の出題傾向と出題

形式を知ることができるからです。また，出題のレベルもわかるから，これらに合わせた学習をすればよいのです。一度出題された分野からは当分の間，出題はないかもしれません。しかし，それも過去の出題例を見なければ知ることはできません。そのためには，この問題解説集が大きな役割を果たすでしょう。

5．学習のポイント❸―短答式のポイント

金融コンプライアンス・オフィサー２級試験は四答択一の短答式なので，受験者は法令や裁判例などについて正確な知識を身につけていなくては正解に達することはできません。ただ，条文などを丸暗記すればよいかというとそうではありません。重要なのは法的な思考力，問題解決能力を身につけることです。これは訓練を重ね問題を多く解くことでしか生まれてこない応用的な能力ですから，日頃，基本書や条文をなるべく具体的事案を思い浮かべながら読む習慣をつけるのがよいでしょう。そうすることで，法的思考力すなわちリーガル・センスが次第に身についていくでしょう。

6．学習のポイント❹―公式テキストの活用

出題された問題の理解を深めるために，本書の姉妹版『公式テキスト　金融コンプライアンス・オフィサー１級・２級』（経済法令研究会刊）での掲載箇所を本文中で紹介していますので，併せて学習されることを望みます。

凡　例

本文においては，下記の法令略記を行っています。

- 育児・介護休業法←育児休業，介護休業等育児又は家族介護を行う労働者の福祉に関する法律
- 外為法←外国為替及び外国貿易法
- 金融サービス提供法←金融サービスの提供及び利用環境の整備等に関する法律
- 偽造・盗難カード等預貯金者保護法←偽造カード等及び盗難カード等を用いて行われる不正な機械式預貯金払戻し等からの預貯金者の保護等に関する法律
- 個人情報保護法←個人情報の保護に関する法律
- 出資法←出資の受入れ，預り金及び金利等の取締りに関する法律
- 組織的犯罪処罰法←組織的な犯罪の処罰及び犯罪収益の規制等に関する法律
- 宅建業法←宅地建物取引業法
- 男女雇用機会均等法←雇用の分野における男女の均等な機会及び待遇の確保等に関する法律
- 導入預金取締法←預金等に係る不当契約の取締に関する法律
- 独占禁止法←私的独占の禁止及び公正取引の確保に関する法律
- 犯罪収益移転防止法←犯罪による収益の移転防止に関する法律
- 振り込め詐欺救済法←犯罪利用預金口座等に係る資金による被害回復分配金の支払等に関する法律
- 麻薬特例法←国際的な協力の下に規制薬物に係る不正行為を助長する行為等の防止を図るための麻薬及び向精神薬取締法等の特例等に関する法律
- 労働施策総合推進法←労働施策の総合的な推進並びに労働者の雇用の安定及び職業生活の充実等に関する法律
- 労働者派遣法←労働者派遣事業の適正な運営の確保及び派遣労働者の保護等に関する法律

2024年6月（第62回）

試験問題・解答ポイント・正解

金融機関とコンプライアンス
金融取引とコンプライアンス
内部のリスク管理態勢とコンプライアンス

※問題および各問題についての解答ポイント・正解は，原則として試験実施日におけるものです。

金融機関とコンプライアンス

問－1　金融機関におけるコンプライアンス

金融機関におけるコンプライアンスに関する記述について，適切でないものは次のうちどれですか。

(1)　金融機関が市場の一員として活動するためには，ルールは守らなくてはならないという社会からの強い要請があり，ルールを守らなければ市場から追い出されることもありうるとの認識で，コンプライアンスをとらえる必要がある。

(2)　金融取引においては遵守すべき法律や規則等が多く存在するため，金融活動を行うにあたっては，法律・規則等を遵守することは当然のことであるが，たとえ法律・規則等に抵触しない場合でも，金融機関に求められている倫理観と誠実さにもとづき，公正な行動をとることを心がけることが必要である。

(3)　金融機関の業務は，適法であることを当然の前提としたうえで適切性も求められていることに留意する必要があるが，金融機関の業務が不適切である場合であっても，その行為が適法であれば，業務改善命令等が発せられる可能性はない。

(4)　「しなければならないと決められていないが，行ったほうがよいと思われることを積極的に行い，禁止されていないが行わないほうがよいと思われることを厳に慎む」というのが真のコンプライアンスであり，ビジネス行動上のグローバル・スタンダードといえる。

解答ポイント＆正解

金融機関が市場の一員として活動するためには，ルールは守らなくてはならないという社会からの強い要請があり，ルールを守らなければ市場から追い出されることもありうるとの認識で，コンプライアンスをとらえる必要がある。よって，(1)は適切である。

金融取引においては遵守すべき法律や規則等が多く存在するため，金融活動を行うにあたっては，法律・規則等を遵守することは当然のことであるが，たとえ法律・規則等に抵触しない場合でも，金融機関に求められている倫理観と誠実さにもとづき，公正な行動をとることを心がけることが必要である。よって，(2)は適切である。

金融機関の業務が不適切である場合には，その行為が適法であっても，業務改善命令等が発せられる可能性がある。よって，(3)は適切でなく，これが本問の正解である。

「しなければならないと決められていないが，行ったほうがよいと思われることを積極的に行い，禁止されていないが行わないほうがよいと思われることを厳に慎む」というのが真のコンプライアンスであり，ビジネス行動上のグローバル・スタンダードといえる。よって，(4)は適切である。

正解：(3)　正解率：98.52%

公式テキスト　第1編1「コンプライアンス態勢の構築」

問－2　銀行法による規制

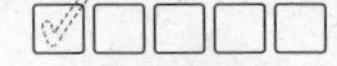

銀行法による規制に関する記述について，適切でないものは次のうちどれですか。

(1) 内閣総理大臣（監督当局）は，銀行の業務の健全かつ適切な運営を確保するため必要があると認めるときは，銀行に対し，その業務または財産の状況に関し報告または資料の提出を求めることができる。

(2) 内閣総理大臣（監督当局）は，銀行の業務の健全かつ適切な運営を確保するため必要があると認めるときは，銀行の営業所その他の施設に立入検査を行うことができるが，銀行の子会社の施設に立ち入ることまでは法律上規定されていない。

(3) 内閣総理大臣（監督当局）は，銀行が法令，定款，内閣総理大臣の行った行政処分に違反したときは，業務の停止，役員の解任，免許の取消をすることができる。

(4) 内閣総理大臣（監督当局）は，銀行の業務の健全かつ適切な運営を確保するため必要があると認めるときは，銀行に対し，業務改善計画の提出を求めることができる。

解答ポイント＆正解

内閣総理大臣（監督当局）は，銀行の業務の健全かつ適切な運営を確保するため必要があると認めるときは，銀行に対し，その業務または財産の状況に関し報告または資料の提出を求めることができる。よって，(1)は適切である。

内閣総理大臣（監督当局）は，銀行の業務の健全かつ適切な運営を確保するため必要があると認めるときは，銀行の営業所その他の施設に立入検査を行うことができる。また，とくに必要があると認めるときは，その必要の限度において，銀行の子法人等の施設に立ち入ることもできる。よって，(2)は適切でなく，これが本問の正解である。

内閣総理大臣（監督当局）は，銀行が法令，定款，内閣総理大臣の行った行政処分に違反したときは，業務の停止，役員の解任，免許の取消をすることができる。よって，(3)は適切である。

内閣総理大臣（監督当局）は，銀行の業務の健全かつ適切な運営を確保するため必要があると認めるときは，銀行に対し，業務改善計画の提出を求めることができる。よって，(4)は適切である。

正解：(2)　正解率：94.83%

公式テキスト　第2編1-5「その他銀行法に基づく規制」

公益通報者保護法

公益通報者保護法に関する記述について，適切でないものは次のうちどれですか。

(1) 公益通報者保護法の対象となる公益通報には匿名による通報も含ま

れる。

⑵　労働者の家族が，当該労働者の承諾を得ずに勝手に通報をした場合，その労働者は公益通報者保護法の対象とはならない。

⑶　事業者は，公益通報によって損害を受けたことを理由として，公益通報者に対して賠償を請求することができない。

⑷　公益通報対応体制を実効的に機能させるため，公益通報受付窓口は社外に設けなければならない。

解答ポイント＆正解

公益通報者保護法は，対象となる公益通報を実名の通報に限定していない。よって，⑴は適切である。

公益通報者保護法は労働者等（労働者，退職者，役員）が公益通報をした場合の保護を規定しており，労働者の家族が，当該労働者の承諾を得ずに勝手に通報をした場合，その労働者は公益通報者保護法の対象とならない。よって，⑵は適切である。

通報者を保護するため，事業者は，公益通報者に対し，通報に伴う損害賠償を請求できないこととされている。よって，⑶は適切である。

公益通報受付窓口は，必ずしも外部に設けなければならないことはない。よって，⑷は適切でなく，これが本問の正解である。

正解：⑷　正解率：21.66%

公式テキスト　第1編2-6「不祥事件・苦情等に対する処置」

利益供与

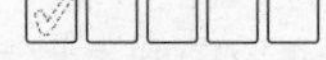

会社法における利益供与に関する記述について，適切でないものは次のうちどれですか。

⑴　会社の役員が利益供与を行い，役員が株主代表訴訟（会社法における「責任追及等の訴え」）により損害賠償責任を追及されて敗訴した場合，役員等賠償責任保険によってもその賠償額が補償されることは

ない。

⑵　利益供与の相手方は「何人に対しても」とされているので，株主に限らず，株主の親族に対して利益供与を行った場合でも，これにあたる。

⑶　株主に対して債務免除を行った場合は，利益供与に該当する可能性がある。

⑷　利益供与は株主の権利行使に関して行われることが要件となるが，株主総会で株主の質問権を行使しないと約束するといった消極的なものは，これに該当しない。

解答ポイント＆正解

会社の役員が利益供与を行い，役員が株主代表訴訟により損害賠償責任を追及されて敗訴した場合，役員等賠償責任保険によってもその賠償額が補償されることはない。よって，⑴は適切である。

会社法において利益供与の相手方は「何人に対しても」とされているので，株主に限らず，株主の親族に対する利益供与も，禁止される利益供与になる。よって，⑵は適切である。

株式会社は，何人に対しても，株主の権利の行使に関し，財産上の利益の供与をしてはならない。この「財産上の利益」には債務免除を受けることも含まれる。したがって，株主に対して債務免除を行った場合は，利益供与に該当する可能性がある。よって，⑶は適切である。

前記のとおり，株式会社は，何人に対しても，株主の権利の行使に関し，財産上の利益の供与をしてはならない。この場合の株主の権利とは，株主総会に出席をしても質問権を行使しないと約束するような消極的なものも含むと考えられている。よって，⑷は適切でなく，これが本問の正解である。

正解：⑷　正解率：87.51%

公式テキスト　**第1編2-5「株主に対する利益提供の禁止」**

問ー5　株主代表訴訟

☑□□□□

株主代表訴訟に関する記述について，適切でないものは次のうちどれですか。

⑴　取締役の責任を追及する株主代表訴訟においては，原則として，株主が会社に対して訴えの提起を請求したにもかかわらず60日以内に訴えが提起されないときに，その株主が会社のために訴えを提起することができる。

⑵　株主代表訴訟において株主が勝訴した場合，敗訴した役員は，訴えを提起した株主ではなく会社に損害賠償をしなければならない。

⑶　株主代表訴訟を提起した株主が訴訟係属中に会社の株主でなくなった場合，原則として当該株主は原告適格を喪失する。

⑷　株主代表訴訟において，会社が和解の当事者となっていない場合，株主は勝手に和解をすることは許されず，和解内容について株主総会の承認を受ける必要がある。

解答ポイント＆正解

株主は，株式会社に対して株主代表訴訟の提起を請求することができる。そして，原則として，株式会社が60日以内に訴えを提起しないときは，当該請求をした株主は，会社のために訴えを提起することができる。よって，⑴は適切である。

株主代表訴訟は，株主が勝訴しても株主に直接利益が帰属するわけではなく，敗訴した役員が賠償義務を負うのは会社に対してである。よって，⑵は適切である。

株主代表訴訟の係属中は，原則，原告適格として，会社の株主であることが必要である。よって，⑶は適切である。

会社が和解の当事者でないときは，裁判所は，会社に和解内容を通知し，かつ，異議があれば2週間以内に異議を述べるべき旨を催告する。会社がその期間内に異議を述べないときは，株主が和解をすることについて会社が承認したものとみなされる。そのため，和解内容について株主総会の承認は必要とされていない。よって，⑷は適切でなく，これが本問の正解である。

正解：⑷

正解率：12.27%

公式テキスト 第1編2-4「株主代表訴訟」

問－6 取締役

取締役に関する記述について，適切でないものは次のうちどれですか。

⑴　取締役は株式会社に対して善管注意義務を負うだけでなく，忠実義務を負う。

⑵　取締役会設置会社においては，代表取締役が業務を執行するが，その他の取締役を業務を執行する取締役に選定することができる。

⑶　代表取締役が職務を行うについて第三者に損害を加えた場合には，正当な代表権の行使とはいえないが，株式会社は当該第三者に対して損害を賠償する責任を負う。

⑷　職務の執行につき善意かつ重大な過失がない取締役の株式会社に対する任務懈怠責任を一部でも免除するには，必ず総株主の同意が必要である。

解答ポイント＆正解

取締役は株式会社に対して善管注意義務を負うだけでなく，忠実義務を負う。よって，⑴は適切である。

取締役会設置会社においては，代表取締役が業務を執行するが，代表取締役以外の取締役であって，取締役会の決議によって取締役会設置会社の業務を執行する取締役として選定された取締役も業務を執行する。よって，⑵は適切である。

株式会社は，代表取締役がその職務を行うについて第三者に加えた損害を賠償する責任を負う。よって，⑶は適切である。

取締役が，その任務を怠ったときは，株式会社に対し，これによって生じた損害を賠償する責任を負う。この責任は，総株主の同意がなければ免除できないというのが原則であるが，たとえば，職務を行うにつき善意かつ重大な過失がない取締役については，株主総会の決議によってその責任の一部を免除することができる。よって，⑷は適切でなく，これが本問の正解である。

正解：⑷　正解率：64.30%

公式テキスト　**第1編2-1「取締役・取締役会の義務と責任」**

問ー7　社外取締役の設置等

社外取締役の設置等に関する記述について，適切でないものは次のうちどれですか。

⑴　株式会社（指名委員会等設置会社を除く）と取締役との利益が相反する状況にあるときなど，一定の場合は，当該株式会社は，そのつど，取締役の決定（取締役会設置会社の場合は取締役会の決議）によって，社外取締役に業務の執行を委託することができる。

⑵　株式会社またはその子会社の業務執行取締役もしくは執行役または支配人その他の使用人でない場合であっても，昨年までこれらの地位にあった者は，当該株式会社の社外取締役になることができない。

⑶　監査役会を設置している株式会社は，公開会社でない場合であっても社外取締役を設置しなければならない。

⑷　総株主の同意がある場合には，社外取締役の株式会社に対する責任の全部を免除することができる。

解答ポイント＆正解

株式会社（指名委員会等設置会社を除く）と取締役との利益が相反する状況にあるときなど，一定の場合には，当該株式会社は，そのつど，取締役の決定（取締役会設置会社の場合は取締役会の決議）によって，当該株式会社の業務を執行することを社外取締役に委託することができる。よって，(1)は適切である。

社外取締役の要件は，当該株式会社またはその子会社の業務執行取締役もしくは執行役または支配人その他の使用人（以下，「業務執行取締役等」という）でなく，かつ，その就任の前，10年間，当該株式会社またはその子会社の業務執行取締役等であったことがないことである。そのため，昨年まで業務執行取締役等であった者は前記の要件を満たさないので社外取締役になることができない。よって，(2)は適切である。

監査役会設置会社（公開会社であり，かつ，大会社であるものに限る）であって，その発行する株式について有価証券報告書を内閣総理大臣に提出しなければならないものは，社外取締役を置かなければならない。そのため，公開会社でない監査役会設置会社には社外取締役の設置義務がない。よって，(3)は適切でなく，これが本問の正解である。

役員等の株式会社に対する損害賠償責任は，総株主の同意がなければ免除することができないが，総株主が同意する場合には責任の全部を免除することができる。よって，(4)は適切である。

正解：(3)

正解率：64.30%

公式テキスト　**第1編2-1「取締役・取締役会の義務と責任」**

問－8　監査役

監査役に関する記述について，適切なものは次のうちどれですか。

(1)　株式会社は，必ず監査役を置かなければならない。

(2)　監査役は，取締役の職務の執行を監査するだけで，みずから職務の執行をすることはないから，株式会社に対して善管注意義務を負うわけではない。

(3)　公開会社であっても，非上場会社であれば，監査役の監査の範囲を会計に関するものに限定する旨を定款で定めることができる。

⑷　非公開会社の監査役は，子会社に対して事業の報告を求め，または その子会社の業務および財産の状況の調査をすることができる。

解答ポイント＆正解

株式会社においては，一部例外を除き，原則，監査役を置くかどうかは任意である。よって，⑴は適切でない。

株式会社と監査役との関係は，委任に関する規定に従う。よって，監査役は会社に対して善管注意義務を負う。よって，⑵は適切でない。

公開会社において，監査役の権限は，会計監査のみならず業務監査も含まれる。よって，⑶は適切でない。

公開会社であるか否かにかかわらず，監査役は，その職務を行うため必要があるときは，監査役設置会社の子会社に対して事業の報告を求め，または その子会社の業務および財産の状況の調査をすることができる。よって，⑷は適切であり，これが本問の正解である。

正解：⑷　正解率：58.17%

公式テキスト　第1編2-2「監査役・監査役会の義務と責任」

苦情・トラブルへの対応

苦情・トラブルへの対応に関する記述について，適切でないものは次のうちどれですか。

⑴　苦情・トラブルを発生させないためには，常日頃から各職員が各種の情報を共有していることが大切であり，そのためには風通しのよい職場風土づくりが不可欠である。

⑵　苦情に関しては，解決に向けた進捗管理を適切に行い，長期未済案件の発生を防止するとともに，未済案件のすみやかな解消を行う態勢を整備する必要がある。

⑶　外部に委託した業務に関する苦情等については外部委託先に苦情等への対応責任があるため，金融機関自身への直接の連絡体制を設ける

必要はない。

⑷　苦情・トラブルについては，必要に応じて適切な外部機関を顧客に紹介し，その手続の概要を説明することが必要である。

解答ポイント＆正解

苦情・トラブルを発生させないためには，常日頃から各職員が各種の情報を共有していることが大切であり，そのためには風通しのよい職場風土づくりが不可欠である。よって，⑴は適切である。

苦情の解決に向けた進捗管理や，長期未済案件の発生の防止・解消は，苦情対処の態勢として重要である。よって，⑵は適切である。

業務の外部委託先が行う委託業務に関する苦情等について金融機関自身への直接の連絡体制を設けるなど，迅速かつ適切に対処するための態勢を整備しなければならない。よって，⑶は適切でなく，これが本問の正解である。

苦情・トラブルは顧客と当該金融機関の間で意見の一致をみて解決することが望ましいが，意見の相違などにより解決に至らないケースがある。そのような場合，必要に応じて適切な外部機関を顧客に紹介し，その手続の概要を説明することが必要である。よって，⑷は適切である。

正解：⑶　正解率：98.45%

公式テキスト　第1編2-6「不祥事件・苦情等に対する措置」

接待・贈答

接待・贈答に関する記述について，適切なものは次のうちどれですか。

⑴　地域金融機関は地元密着の経営が期待されており，地域振興のためには地方公務員との密な連携が必要であるため，地方公務員に対する一定範囲に限られた接待・贈答が認められている。

⑵　取引先とは公私峻別して付き合うべきであり，取引先から接待の申し出を受ける場合にはプライベートな関係での接待にとどめるべきで

ある。

⑶　国家公務員に対する接待・贈答について，国家公務員倫理規程において利害関係者からの金銭・物品・不動産の贈与等が禁止されているが，これには餞別，祝儀，香典，供花なども含まれている。

⑷　銀行の支店長が融資実行に関し取引先から金品を受け取っても，公務員でないため犯罪は成立しない。

解答ポイント＆正解

公務員に対する接待・贈答は贈賄罪に該当するおそれがあるため，とくに厳格な対応が必要であり，例外的に認められる範囲はない。よって，⑴は適切でない。

プライベートの関係での接待は，接待・贈答に関するルールの外で行うものであり，組織によるチェックが効かないばかりでなく，場合によっては，取引先に付け入る隙を与えることになるため回避すべきである。よって，⑵は適切でない。

国家公務員に対する接待・贈答について，国家公務員倫理規程において利害関係者からの金銭・物品・不動産の贈与等が禁止されているが，これには餞別，祝儀，香典，供花なども含まれている。よって，⑶は適切であり，これが本問の正解である。

銀行の支店長が融資実行に際して取引先から金品を受け取る行為は，会社法上の収賄罪に該当する可能性がある。よって，⑷は適切でない。

正解：⑶　**正解率：76.27%**

公式テキスト　**第2編4-3「贈収賄罪」**
第2編5-2「贈収賄罪」

金融取引とコンプライアンス

善管注意義務

善管注意義務に関する記述について，適切でないものは次のうちどれですか。

(1)　善管注意義務は通常，その職業，その属する社会的・経済的地位などにおいて一般的に要求される注意義務であるが，自己の財産に対するのと同一の注意義務よりは軽い義務である。

(2)　金融機関が顧客に対してファイナンシャル・プランナー業務を行う場合，当該金融機関は善管注意義務を負う。

(3)　約束手形の不渡事由の不渡情報登録に対する異議申立てについて，振出人から依頼を受けて金融機関が受任した場合，当該金融機関は善管注意義務を負う。

(4)　窓口における預金の払戻しの際の印鑑照合について，金融機関職員は一般人以上に高い注意義務を負う。

解答ポイント＆正解

善管注意義務は通常，その職業，その属する社会的・経済的地位などにおいて一般的に要求される注意義務と説明される。一方，自己の財産に対するのと同一の注意義務とは，無償で他人物の寄託を受けた者が当該物に対して負担する義務であり，善管注意義務よりも軽い義務である。よって，(1)は適切でなく，これが本問の正解である。

金融機関が顧客に対して行うファイナンシャル・プランナー業務は，顧客の資産の運用等に関して専門的知識を駆使する業務であり，善管注意義務を負う。よって，(2)は適切である。

約束手形の不渡事由の不渡情報登録に対する異議申立てについて，振出人から依頼を受けて金融機関が受任した場合，当該金融機関は善管注意義務を負う。よって，⑶は適切である。

金融機関職員は，印鑑照合について一般人以上に高い注意義務を負う。よって，⑷は適切である。

正解：⑴ 正解率：95.12%

公式テキスト 第2編3-4「善管注意義務」

問-12 守秘義務

守秘義務に関する記述について，適切でないものは次のうちどれですか。

⑴ 金融機関が負う守秘義務は，民法に明文の規定として定められている。

⑵ 守秘義務に違反すると，契約違反としての債務不履行または不法行為に該当し，損害賠償責任が発生する可能性がある。

⑶ 最高裁は，守秘義務の対象について，顧客との取引内容に関する情報や顧客との取引に関して得た顧客の信用に関わる情報などの顧客情報であると判示している。

⑷ 税務当局が任意の税務調査を行う場合，その調査が適法であれば，金融機関が当該調査に協力して顧客の情報を提供しても守秘義務に違反しない。

解答ポイント＆正解

守秘義務の根拠に関して，民法上，守秘義務に関する明文の規定はない。よって，⑴は適切でなく，これが本問の正解である。

守秘義務に違反すると，契約違反としての債務不履行または不法行為に該当し，損害賠償責任が発生する可能性がある。よって，⑵は適切である。

最高裁は，守秘義務の対象について，顧客との取引内容に関する情報や顧客との取引に関して得た顧客の信用に関わる情報などの顧客情報であると判示している。よって，⑶は適切である。

税務当局が任意の税務調査を行う場合，その調査が適法であれば，金融機関が当該調査に協力して顧客の情報を提供しても守秘義務に違反しない。よって，(3)は適切である。

正解：(1)　正解率：63.86%

公式テキスト　第2編3-5「守秘義務」

権利の濫用

権利の濫用に関する記述について，適切でないものは次のうちどれですか。

(1)　権利の濫用の禁止とは，権利がある場合であってもその行使が公正・正義に反するときは，権利行使を許さないというものであり，民法に定められている。

(2)　年金受給権は差押えが禁止されているので，金融機関が融資債権を回収するために，年金が振り込まれた預金口座に係る預金債権を受働債権として相殺することは，権利の濫用に該当する。

(3)　割引手形が不渡りとなり，割引依頼人が割引手形の買戻しに応じないときに，僚店にある割引手形の振出人の預金と割引手形の手形債権を相殺することは，権利の濫用に該当しない。

(4)　顧客が有する複数の定期預金の１つが差し押さえられた場合において，当該顧客の依頼により，当該顧客に対する融資債権と被差押預金債権を相殺することは，権利の濫用に該当する。

解答ポイント＆正解

権利の濫用の禁止とは，権利がある場合であってもその行使が公正・正義に反するときは，権利行使を許さないということであり，民法１条３項に「権利の濫用は，これを許さない」と規定されている。よって，(1)は適切である。

年金受給権は，受給者の生活の保障を実質的に確保するために，差押えが禁止されている。そこで，年金が振り込まれた預金口座が差押禁止の属性を有するか否か，また，年金の受取口座の取扱金融機関が受給者に対して債権を有する場合に，その相殺が可能か否かが問題となる。判例は，給付金が受給者の預金口座に振り込まれると，それは受給者の預金債権に転化し，受給者の一般財産になるから，当該預金債権は原則として差押等禁止債権としての属性を承継せず，したがって，これを受働債権とする相殺は許されないとはいえないとしている。よって，(2)は適切でなく，これが本問の正解である。

割引手形が不渡りとなったとき，金融機関は割引依頼人に対して手形買戻請求権を有すると同時に割引手形の振出人に対して手形債権を有する。金融機関は，割引依頼人に対する手形買戻請求権と割引依頼人の預金債権を相殺することなどにより債権回収を図ることが多いが，振出人に対する手形債権と振出人の当該金融機関に対する預金債権を相殺することも，簡易な債権回収の手段とされており差し支えない。よって，(3)は適切である。

顧客が複数の預金を有している場合において，金融機関が差し押さえられていない預金債権との相殺によって融資債権の回収を図ることができるにもかかわらず，融資先の依頼により，あえて差し押さえられた預金債権と相殺する行為は，「狙い撃ち相殺」として権利の濫用に該当する。よって，(4)は適切である。

正解：(2)　正解率：65.26%

公式テキスト　第2編3-2「権利濫用の禁止・公序良俗違反」

問－14　公序良俗違反

公序良俗違反に関する記述について，適切なものは次のうちどれですか。

(1)　違法な風俗営業設備の建築資金として使われることを知らないで金融機関が融資を実行した場合，結果的に違法な風俗営業設備が建設されたときには，当該融資自体も公序良俗に違反し，無効となる。

⑵　導入預金の受入れは法令に違反し当事者は刑事上の制裁を受けるから，私法上の預金契約も公序良俗に違反し無効となる。

⑶　被保証債務の発生原因である融資契約が公序良俗に反し無効である場合において，保証人がそのことを知っていたときは，保証人は主債務者に保証債務を履行しなければならない。

⑷　融資した資金が公序良俗に違反する使途に使用されることを知って融資をした場合，融資契約にもとづいて金銭の返還を請求することはできないし，原則として不当利得にもとづく返還請求もできない。

解答ポイント＆正解

違法な風俗営業は反社会性の強い行為であり，違法な風俗営業設備を建設するための資金の供与も反社会性の強い行為であるから，これを目的とする融資契約は公序良俗に反し無効である。しかしながら，金融機関において，融資金が違法な風俗営業の設備投資に使われることを知らなかったときは，違法な設備投資を目的とする融資契約が締結されたとはいえない。よって，⑴は適切でない。

導入預金は，預金等に係る不当契約の取締に関する法律により禁止されており，これに違反した場合には刑罰が科される。しかし，民事上は，導入預金に関わる預金契約は有効であり，金融機関は，預金者からの払戻請求を拒むことはできない。よって，⑵は適切でない。

被保証債務の発生原因である融資契約が公序良俗に反し無効である場合には，保証人がそのことを知っているか否かにかかわらず，保証の付従性により，当該保証も無効になる。よって，⑶は適切でない。

公序良俗に違反する使途に使用されることを知って締結された融資契約は無効であり，金融機関は，融資契約にもとづく金銭の返還請求はできないが，融資金相当額の不当利得の返還請求権を取得する。ただし，この融資金相当額（不当利得）は不法な原因のための給付であり，このような給付をした者の救済に手を貸すのは適当ではないため，その融資金相当額（不法原因給付）の返還請求は原則としてできない。よって，⑷は適切であり，これが本問の正解である。

正解：(4)　正解率：58.54%

公式テキスト　第2編3-2「権利濫用の禁止・公序良俗違反」

問−15　融資契約

融資契約に関する記述について，適切なものは次のうちどれですか。

(1)　書面でする金銭消費貸借契約にもとづき，金融機関が借主に融資金を交付した場合でも，借主は一方的に当該契約を解除することができる。

(2)　金融機関が融資の約束をしても，書面によらない約束の場合は融資予約としての効力はないため，金融機関が一方的に当該約束を破棄しても，不法行為責任を負うことはない。

(3)　金融機関が，融資案件の内部稟議の結果，申込金額の一部について融資を承諾する旨を顧客に通知したときは，当初の申込を拒絶するとともに新たな申込をしたものとみなされる。

(4)　金融機関が為替リスクを伴う融資について十分な説明なく取り扱ったため，債務者が為替差損等の損害を被ったとしても，債務者が会社の場合は，説明義務違反の責任を問われることはない。

解答ポイント＆正解

書面でする金銭消費貸借契約は，借主が金融機関から金銭（融資金）を受け取る前であれば，一方的に契約を解除することができるが，融資金の交付を受けると一方的な契約解除はできない。よって，(1)は適切でない。

書面によらない融資の約束であっても，融資をする約束があったと証明できる資料（たとえば，融資約束があったことが確認できる録音テープや顧客のメモなど）等が提出されて融資約束があったことが客観的に認定されると，金融機関が一方的に当該約束を破棄したために顧客に損害が発生した場合，金融機関は不法行為責任を負う可能性がある。よって，⑵は適切でない。

金融機関が，融資案件の内部稟議の結果，申込金額の一部について融資を承諾する旨を顧客に通知したときは，当初の申込を拒絶するとともに新たな申込をしたものとみなされる。よって，⑶は適切であり，これが本問の正解である。

金融機関が，為替リスクを伴う融資について，為替リスクの内容やそのリスクヘッジの方法等の説明を怠り融資した結果，債務者（会社）が為替差損等の損害を被った場合は，金融機関は説明義務違反の責任を問われるおそれがある。よって，⑷は適切でない。

正解：⑶　**正解率：75.61%**

公式テキスト　**第2編3-1「貸手責任・信義誠実の原則」**

問―16　使用者責任

使用者責任に関する記述について，適切でないものは次のうちどれですか。

⑴　使用者責任にもとづき被害者に賠償した金融機関は，被用者である職員に対して求償権を行使することができる。

⑵　金融取引に名を借りた詐欺事件において，被害者が，役職員による当該詐欺行為が金融機関の事業執行行為でないことを知っていた場合には，金融機関は使用者責任を負わない。

⑶　金融機関の職員が事業の執行に関して第三者に損害を与えた場合，当該職員に故意または過失が認められずに不法行為責任が成立しない場合であっても，金融機関は使用者責任を負う。

⑷　被用者である職員が賠償金を支払うだけの資力を有している場合であっても，使用者責任を負う金融機関は，被害者に対し，まずは直接の不法行為者である職員に対して損害賠償請求をするよう求めることはできない。

解答ポイント＆正解

損害の公平な分担という観点から，使用者は被用者に対し，信義則上妥当と考えられる範囲で求償することができる。よって，⑴は適切である。

使用者責任が認められるためには，被用者が事業の執行に関して第三者に損害を与えたといえる必要があるが，第三者保護の観点より，外形的に職務の範囲内と判断できれば事業の執行に関すると評価される（外形理論）。もっとも，被害者である相手方が，事業の執行に関するものではないことを知っていた場合には，外形理論は適用されず，使用者責任が成立しない。よって，⑵は適切である。

使用者責任は被用者に不法行為責任が成立することを前提としており，被用者に不法行為責任が成立しない場合に使用者が使用者責任を負うことはない。よって，⑶は適切でなく，これが本問の正解である。

使用者責任を負う金融機関と被用者との関係は不真正連帯債務とされ，使用者は被用者とともに，損害額全額について賠償する責任を負っている。よって，⑷は適切である。

正解：⑶　正解率：43.02%

公式テキスト　第2編3-6「使用者責任」

問一17　相続

相続に関する記述について，適切でないものは次のうちどれですか。

⑴　相続人から法定相続情報証明制度にもとづく法定相続情報一覧図（写し）を受け入れた場合には，相続人の範囲を確定するための，被相続人の出生から死亡までの連続した戸籍謄本等をあらためて受け入れる必要はない。

⑵　自筆証書遺言書保管制度を利用していた場合，相続発生後の家庭裁判所の検認手続は不要とされている。

⑶　預金者の死亡の事実が確認された場合，金融機関はただちに預金の

入出金停止の措置をとる必要がある。

(4)　共同相続人の１人から被相続人の預金の残高証明書の発行依頼を受けた場合は，これに応じることはできず，全相続人から依頼してもらうようにすべきである。

解答ポイント＆正解

法定相続情報証明制度にもとづく法定相続情報一覧図（写し）があれば，これにより相続関係を証明することができる。したがって，法定相続情報一覧図（写し）を受け入れた場合は，被相続人の出生から死亡までの連続した戸籍謄本等をあらためて確認する必要はない。よって，(1)は適切である。

自筆証書遺言書保管制度を利用していた場合は，相続発生後の家庭裁判所の検認手続は不要である。よって，(2)は適切である。

預金者の死亡の事実が確認された場合，金融機関はただちに預金の入出金停止の措置をとる必要がある。よって，(3)は適切である。

共同相続人の１人から被相続人の預金の残高証明書の発行依頼を受けた場合は，これに応じても問題ない。よって，(4)は適切でなく，これが本問の正解である。

正解：(4)　**正解率：84.63%**

問－18　取引約款

取引約款に関する記述について，適切でないものは次のうちどれですか。

(1)　総合口座取引規定には，貸越元利金等と定期預金を相殺できる場合は，事前の通知および所定の手続を省略し，当該定期預金を払い戻し，貸越元利金等の弁済にあてることができる旨が規定されている。

(2)　振込契約は委任契約であるが，振込規定には，金融機関が振込依頼書による振込の依頼を承諾し，かつ，振込資金等を受領した時に振込契約が成立する旨が規定されている。

⑶ 銀行取引約定書には，債務者の預金等に対する差押命令が金融機関に送達された時に，期限の利益を当然に喪失する旨が規定されている。

⑷ 顧客が預金口座の申込書に記載された「所定の預金規定を承認して口座を開設する」等の文言に同意して申込をし，預金口座が開設されたときは，預金規定の個別の条項についても合意したものとみなされる。

解答ポイント＆正解

総合口座取引規定には，貸越元利金等と定期預金を相殺できる場合は，事前の通知および所定の手続を省略し，当該定期預金を払い戻し，貸越元利金等の弁済にあてることができる旨が規定されている。よって，⑴は適切である。

振込契約は委任契約であるが，振込規定には，金融機関が振込依頼書による振込の依頼を承諾し，かつ，振込資金等を受領した時に振込契約が成立する旨が規定されている。よって，⑵は適切である。

銀行取引約定書には，債務者の預金等に対して仮差押，保全差押または差押の命令，通知が「発送された」とき，つまり，差押命令等が第三債務者である金融機関に送達され，預金等が差し押さえられる前に，債務者の期限の利益が当然に喪失する旨が規定されている。よって，⑶は適切でなく，これが本問の正解である。

顧客が預金口座の申込書に記載された「所定の預金規定を承認して口座を開設する」等の文言に同意して申込をし，預金口座が開設されたときは，預金規定の個別の条項についても合意したものとみなされる。よって，⑷は適切である。

正解：⑶　正解率：32.67%

情実融資

情実融資に関する記述について，適切なものは次のうちどれですか。

(1) 親密な取引先からの依頼を受けて事業計画を良い見通しとなるように変更し稟議申請して融資に取り組むことは情実融資に該当しない。

(2) 融資基準を満たして行った案件について担当者が接待を受けていた場合，必ずしも情実融資に該当するものではない。

(3) 情実融資により金融機関に損害が生じた場合，当該行為を行った役職員には不法行為が成立し金融機関に対する損害賠償義務が生じるが，懲役刑に処せられる可能性はない。

(4) 人事異動で担当から外れることになったが，以前から頼まれていた融資取引を異動までに前倒しで実行することは特別な取扱いとなるため，融資基準を満たしていても情実融資に該当する。

解答ポイント＆正解

親密な取引先からの依頼を受けて，良い見通しとなる事業計画に変更し稟議申請することは情実融資に該当する。よって，(1)は適切でない。

融資基準を満たして行った案件について担当者が接待を受けていた場合，必ずしも情実融資に該当するものではない。よって，(2)は適切であり，これが本問の正解である。

情実融資により任務に違背する行為を行って金融機関に損害を与えた役職員は，金融機関に対して不法行為にもとづく損害賠償責任を負い，背任罪または特別背任罪に問われて懲役刑に処せられる可能性がある。よって，(3)は適切でない。

融資基準を満たした融資先について，人事異動を理由に前倒しで融資を実行することは情実融資にあたらない。よって，(4)は適切でない。

正解：(2)

正解率：69.11%

(公式テキスト) **第2編5-2「贈収賄罪」**

仮装払込

☑□□□□

仮装払込に関する記述について，適切なものは次のうちどれですか。

⑴　発起設立において，「払込があったことを証する書面」を発行した払込取扱金融機関は，保管証明責任を負担する。

⑵　募集設立において，株式払込金保管証明書を発行した払込取扱金融機関は，その払込がなかったことを証明すれば，保管証明責任を免れることができる。

⑶　発起設立や募集設立において，払込取扱金融機関の役職員が発起人等と通謀するなどして預合いに加担した場合は，当該役職員は応預合罪を問われるおそれはあるが，公正証書原本不実記載罪（電磁的公正証書原本不実記録罪を含む）を問われることはない。

⑷　発起人が払込取扱金融機関以外の者から借財をし，株式の払込の仮装のためこれを払込取扱金融機関に一時的に払い込み，設立登記完了後にこれを引き出して借財の弁済に充てる行為は見せ金であり，当該発起人は公正証書原本不実記載罪（電磁的公正証書原本不実記録罪を含む）を問われるおそれがある。

解答ポイント＆正解

払込取扱金融機関は，発起設立においては，株式の払込に関し，保管証明責任は負担しない。よって，⑴は適切でない。

募集設立において，株式払込金保管証明書を発行した払込取扱金融機関は，その払込がなかったことをもって，会社に対抗することができない。よって，⑵は適切でない。

発起設立や募集設立において，払込取扱金融機関の役職員が発起人等と通謀するなどして預合いに加担した場合は，当該役職員は応預合罪に問われるだけでなく，公正証書原本不実記載罪（電磁的公正証書原本不実記録罪を含む）に問われるおそれもある。よって，⑶は適切でない。

発起人が払込取扱金融機関以外の者から借財をし，株式の払込の仮装のためこれを払込取扱金融機関に一時的に払い込み，設立登記完了後にこれを引き出して借財の弁済に充てる行為は見せ金であり，当該発起人は公正証書原本不実記載罪（電磁的公正証書原本不実記録罪を含む）を問われるおそれがある。よって，⑷は適切であり，これが本問の正解である。

正解：⑷　正解率：63.41％

公式テキスト　**第2編4-1「仮装払込」**

問ー21　利益相反取引

利益相反取引に関する記述について，適切なものの組合せは次のうちどれですか。

(a)　A銀行がA銀行の取締役Bに対して融資をするには，B以外の取締役の過半数が取締役会に出席し，その出席取締役の過半数をもって承認決議がなされる必要がある。

(b)　会社法の規定に違反して利益相反取引がなされた場合，会社と取締役との間の直接取引は無効であるが，利害関係を有する第三者との関係では，当該取引が有効とされることがある。

(c)　C株式会社の取締役Xが，C社の100％子会社であるD株式会社の代表取締役である場合，D社の借入れについてC社が金融機関に対して保証をすることは，利益相反取引に該当しない。

(d)　取締役会設置会社において会社と取締役との利益の相反する取引をする場合には，当該取引について取締役会の承認を得ることが必要であるが，その際，当該取引についての重要な事実まで開示する必要はない。

(1)　(a)，(b)

(2)　(b)，(c)

(3)　(c)，(d)

(4) (a), (d)

解答ポイント＆正解

Ａ銀行から取締役Ｂへの融資は，利益相反取引に該当する。会社法の原則によれば，取締役会設置会社においては，利益相反取引を行うには取締役会の承認が必要である。また，銀行は，株式会社であって，取締役会を置くものでなければならないところ，銀行の取締役に対する信用供与については，取締役会の決議要件が厳格化されており，出席取締役の３分の２以上にあたる多数をもって決することとなっている。よって，(a)は適切でない。

会社法の規定に違反して利益相反取引がなされた場合の当該取引の効力は，会社と取締役との間の直接取引については無効である。しかし，直接取引であっても利害関係を有する第三者がいる場合には，会社が当該第三者の悪意（取締役会または株主総会の承認がないことを知っていたこと）を立証しない限り有効であると解釈するのが判例・通説である（相対的無効説）。したがって，利害関係を有する第三者との関係では，当該取引が有効とされることがある。よって，(b)は適切である。

Ｃ社の取締役Ｘが，Ｄ社の代表取締役である場合であっても，Ｄ社がＣ社の100％子会社である場合には，Ｃ社とＤ社との間に利益相反を観念することはできないので，Ｄ社の借入れについてＣ社が保証することは，利益相反取引には該当しない。よって，(c)は適切である。

取締役会設置会社において会社と取締役との利益が相反する取引を行う場合には，取締役会において，当該取引の重要な事実を開示したうえで，その承認を受けなければならない。よって，(d)は適切でない。

以上より，(2)が本問の正解である。

正解：(2)

正解率：58.17%

公式テキスト **第1編2-1「取締役・取締役会の義務と責任」**

問ー22 手形・小切手

手形・小切手に関する記述について，適切なものは次のうちどれですか。

⑴　約束手形の裏書欄に裏書人の記名捺印があっても，裏書人の住所の記載がなければ，裏書の効力は認められない。

⑵　約束手形は要式証券であり，一定の記載要件を備えていないと約束手形としての効力を有しない。

⑶　振出日または受取人欄が白地の約束手形を取り立てて不渡返還された場合，取立依頼人は，当該白地を補充すれば裏書人に対して遡求権の行使ができる。

⑷　小切手の支払人である金融機関は，振出人との支払委託契約にもとづく支払義務だけでなく，当該小切手の受取人等の所持人に対しても支払義務を負う。

解答ポイント＆正解

約束手形の裏書欄に裏書人の記名捺印があれば，裏書日や裏書人の住所，被裏書人欄の記載がなくても，裏書の効力が認められる。よって，⑴は適切でない。

約束手形は要式証券であり，一定の記載要件を備えていないと約束手形としての効力を有しない。よって，⑵は適切であり，これが本問の正解である。

振出日または受取人欄が白地の約束手形による支払呈示は無効であり，支払呈示後に白地を補充しても，呈示の時にさかのぼって有効とはならない。この場合，手形の所持人（取立依頼人）は，裏書人等の遡求義務者に対する手形上の権利（遡求権）を行使することはできない。よって，⑶は適切でない。

小切手の支払人である金融機関は，振出人との支払委託契約にもとづく支払義務は負担するが，当該小切手の受取人等の所持人に対しては支払義務を負うものではない。よって，(4)は適切でない。

正解：(2)　正解率：80.04%

(公式テキスト) 第2編4-4「手形・小切手」

問－23　文書偽造

文書偽造に関する記述について，適切でないものは次のうちどれですか。

(1)　甲金融機関乙支店と関係のない第三者が，行使の目的で乙支店長名義の文書を作成することは，私文書偽造罪に該当する。

(2)　預金残高証明書を発行する権限を有する金融機関の支店長が，取引先から依頼を受けて虚偽の預金残高証明書を作成した場合，私文書偽造罪は成立しない。

(3)　金融機関の職員が，顧客の依頼を受けて，預金払戻請求書に顧客の名義を署名しても，私文書偽造罪は成立しない。

(4)　預金者が正当に発行された預金残高証明書の金額欄を改ざんして取引先にファクシミリで送信しても，その改ざん後の預金残高証明書そのものを当該取引先に呈示しない限り，私文書偽造罪は成立しない。

解答ポイント＆正解

私文書の作成権限なき者が作成権限のある支店長名義の文書を作成しており，典型的な有形偽造である。よって，(1)は適切である。

私文書偽造罪のうち，文書作成権限のある者による虚偽文書作成においては，例外として医師による虚偽診断書作成等が処罰対象とされているが，金融機関の支店長によるものは対象となっていない。よって，(2)は適切である。

私文書偽造罪にいう「偽造」とは，権限がないにもかかわらず，他人名義の文書を作成することである。したがって，法律上自署が義務付けられる文書でない限りは，名義人の同意を得て文書に署名する行為は「偽造」には該当しない。よって，⑶は適切である。

私文書偽造罪にいう「文書」とは原本に限らず，写しもまた偽造罪の対象となる文書性を有する。公文書偽造罪に関するものであるが，判例は，「たとえ原本の写であっても，原本と同一の意識内容を保有し，証明文書としてこれと同様の社会的機能と信用性を有するものと認められる限り，これに含まれるものと解するのが相当である。…（略）…写真コピーは，写ではあるが，複写した者の意識が介在する余地のない，機械的に正確な複写版であって，…（略）…原本と同程度の社会的機能と信用性を有するものとされている場合が多い」としている。ファクシミリも機能の向上により，原本を機械的に正確に複写しており，原本と同程度の社会的機能と信用性を有するといえる。そして，金融機関が発行する預金残高証明書は，預金の残高の「事実証明」に関する文書といえる。よって，⑷は適切でなく，これが本問の正解である。

正解：⑷　正解率：62.08%

公式テキスト　第2編5-1「文書偽造等」

業務上横領罪

金融機関職員の次の行為のうち，業務上横領罪が成立するものはどれですか。

⑴　案内係が，自店のＡＴＭコーナーに置き忘れられていた現金を自己のクレジットカード代金を決済するために一時的に使用したが，給与を受け取った後に，現金が置き忘れられていた旨を支店長に申し出て，同額の現金を支店長に渡した。

⑵　為替係が，他の金融機関から振込を受信したが，受取人口座として指定された預金口座がすでに解約されていたため，自己の預金口座に振込金相当額を入金した。

⑶　取引先課員が，顧客から現金を自宅に届けるよう依頼されて預金通帳と届出印押印済の払戻請求書を預かったが，払戻後にその現金を自

己の飲食代に充てた。

⑷　本部の職員が，部長が管理する新商品開発に関する機密情報を他の金融機関に不正に売却するため，当該機密情報を部内のプリンターで印刷し，その印刷物を社外に持ち出した。

解答ポイント＆正解

案内係にとって，自店のＡＴＭコーナーに置き忘れられていた現金が他人の物であることは言うまでもない。案内係がその現金を業務上占有していたかどうか問題になりうるが，案内係はロビーにおいて案内業務を行うだけであり，ＡＴＭコーナー全般について管理権限を有しているとはいえない。よって，⑴の行為について，業務上横領罪は成立しない。

他の金融機関から振込を受信した際に，受取人口座として指定された預金口座がすでに解約されているときは，為替係は仕向銀行に対してその旨を通知して振込金相当額を返却する事務を行う者であるが，当該振込金相当額を占有したとはいえない。よって，⑵の行為について，業務上横領罪は成立しない。

預金通帳と届出印押印済の払戻請求書があれば，払戻しによって金銭を自由に処分できるから，取引先課員は金銭について法律上の占有があるといえる。取引先課員は，現金を届けるという業務のために，これらの書類を預かったのであるから，占有は「業務上」といえる。そして，預金通帳と届出印押印済の払戻請求書を悪用して現金を引き出して自己の支配下におく行為は，「横領」にほかならない。よって，⑶の行為について，業務上横領罪が成立し，これが本問の正解である。

機密資料は，金融機関の所有物であり，他人の物である。しかし，機密資料の管理権限は，行為を行った職員ではなく部長にあるため，「業務上自己の占有する」という要件を満たさない。よって，⑷の行為について，業務上横領罪は成立しない。

正解：⑶　正解率：62.82%

（公式テキスト）第2編5-5「横領罪」

背任罪

金融機関職員の背任罪に関する記述について，適切でないものは次のうちどれですか。

⑴　背任罪における自己の利益を図る目的があったといえるためには，必ずしも財産上の利益を図る目的は必要とされず，自己の地位を守るといったような非財産的な利益を図る目的でも足りる。

⑵　背任罪は他人のために事務を処理する者が行う身分犯であるが，身分のある者と身分のない者との間で共犯が成立することもある。

⑶　金融機関の職員が回収の見込みのない融資を行った場合，融資を行った職員に加え融資先も刑事責任を問われることがある。

⑷　金融機関の職員が，回収の見込みのない融資を行った場合でも，その時点では融資先に対する融資債権を有しており，金融機関に財産上の損害が発生したとはいえないので，融資を実行した時点で背任罪が成立することはない。

解答ポイント＆正解

背任罪における，図利・加害目的の「図利」は，必ずしも財産的利益に限られず，自己の地位の保全というような身分上の利益など非財産的利益を含むと解されている。よって，⑴は適切である。

背任罪は，「他人のためにその事務を処理する者」が犯罪の主体とされている「身分犯」である。身分犯においては，身分のない者であっても，その犯罪行為に加功したときには共犯とするとされており，身分のある者と身分のない者との間で共犯が成立することもある。よって，⑵は適切である。

回収の見込みのない融資を行った金融機関の職員には背任罪が成立する可能性がある。他方，融資先は「他人のためにその事務を処理する者」にはあたらず背任罪の主体となる「身分」を有していないが，身分を有していなくても共同正犯たりうるとするのが判例であるので，融資先も背任罪の共犯などの刑事責任を問われることがある。よって，⑶は適切である。

回収見込みのない融資を行った場合，たとえ金融機関が融資先に対して融資債権を有していても，現実に回収が困難であれば，融資を実行した時点で財産上の損害があったと評価されることがあり，回収不能という結果を待つまでもなく背任罪が成立する可能性がある。よって，(4)は適切でなく，これが本問の正解である。

正解：(4)　正解率：74.87%

公式テキスト　第2編4-2「特別背任罪(背任罪)」

問－26　詐欺罪および電子計算機使用詐欺罪

詐欺罪および電子計算機使用詐欺罪に関する記述について，適切でないものは次のうちどれですか。

(1)　入出金データの入力を任されている金融機関の職員が，端末機から虚偽の入金データを入力し，知人の預金の元帳ファイルの預金残高を増やし，当該知人に利得させた場合，電子計算機使用詐欺罪が成立する。

(2)　盗んだ他人名義のキャッシュカードを使い，ＡＴＭを利用して，他人名義口座から預金を引き出し，利得を得た場合，詐欺罪が成立する。

(3)　預金通帳を第三者に譲渡する意図をもって，金融機関の窓口に赴き，その意図を隠して自己名義の預金口座を開設し，預金通帳の交付を受けた場合，詐欺罪が成立する。

(4)　Ａの預金口座に誤振込があったとき，誤振込であることを認識しながら，誤振込の事実を隠して金融機関の窓口で預金の払戻しを請求し，窓口係員が現金を交付した場合，Ａに詐欺罪が成立する。

解答ポイント＆正解

人の事務処理に使用する電子計算機に虚偽の情報・不正な指令を与えて，財産権の得喪もしくは変更に係る不実の電磁的記録を作り，他人に財産上不法の利益を得させた場合，電子計算機使用詐欺罪が成立する。よって，⑴は適切である。

ＡＴＭは機械であり，欺かれて錯誤に陥り金銭交付をするということがないため，詐欺罪は成立しない。もっとも，ＡＴＭで保管されている現金は金融機関の占有物なので，当該行為は金融機関の意思に反して現金の占有を取得したとして，窃盗罪が成立する。よって，⑵は適切でなく，これが本問の正解である。

金融機関は，預金通帳が他人に譲渡され利用されることを知っていれば，口座開設に応じず，預金通帳を交付しないものであるから，他人への譲渡の目的を秘して，自身が取得・利用するかのように偽って金融機関から預金通帳の交付を受けようとする行為は，詐欺罪の欺罔行為にあたり，それによって，財産的価値を有し「財物」といえる預金通帳の交付を受ける行為は，詐欺罪に該当する。よって，⑶は適切である。

誤振込であることを認識しながら，これを隠して預金の払戻しを請求する行為は，金融機関の窓口係員を欺く行為にあたり，その結果，窓口係員が現金を交付した場合は詐欺罪が成立する。よって，⑷は適切である。

正解：(2)　正解率：64.97%

(公式テキスト) **第2編5-4「詐欺罪・窃盗罪」**

問−27　公正証書原本不実記載罪

公正証書原本不実記載罪（電磁的公正証書原本不実記録罪を含む）に関する記述について，適切でないものは次のうちどれですか。

⑴　増資の際に，当初から真実の株式払込として会社資金を確保させる意図がなく，会社自身から借り入れて外形上払い込んだ金員をただちに払い戻して引受人の借入金の弁済に充てたような場合，商業登記の原本に増資の記載をさせた行為は，公正証書原本不実記載罪にあたる。

(2) 実在しない人の名義で普通預金口座開設申込書に署名押印した場合，公正証書原本不実記載罪が成立する。

(3) 不動産の贈与を受けたにもかかわらず，取得原因を偽って，売買により取得した旨の登記申請を行い，そのような登記がされた場合には，公正証書原本不実記載罪が成立する。

(4) 金融機関の担当者が，不動産の担保取得に際し，過去に所有権がA→B→Cと移転してきたにもかかわらず，AからCへ直接所有権が移転したこととする登記をさせたうえで，担保権設定登記を受けた場合，公正証書原本不実記載罪は成立しない。

解答ポイント＆正解

増資の際に，当初から真実の株式払込として会社資金を確保させる意図がなく，会社自身から借り入れて外形上払い込んだ金員をただちに払い戻して引受人の借入金の弁済に充てたような場合，商業登記の原本に増資の記載をさせた行為は，公正証書原本不実記載罪にあたる。よって，(1)は適切である。

公正証書原本不実記載罪の客体である「権利もしくは義務に関する公正証書の原本」とは，公務員がその職務上作成する文書であって，権利義務に関するある事実を証明する効力を有するものをいう。普通預金口座開設申込書に実在しない人の名義で署名押印したとしても，私文書偽造罪が成立することはあっても，公正証書原本不実記載罪は成立しない。よって，(2)は適切でなく，これが本問の正解である。

不動産登記における取得原因は不動産の権利義務関係に影響を与えるので，現在の所有者が一致していても，取得原因を偽った登記申請を行い，そのような登記がされた場合には，公正証書原本不実記載罪が成立する。よって，(3)は適切である。

所有権移転に関する中間省略登記は判例上認められており，中間省略登記を行ったとしても公正証書原本不実記載罪は成立しない。よって，(4)は適切である。

正解率：45.75%

公式テキスト 第2編5-1「文書偽造等」

問-28 カルテル

カルテルに関する記述について，適切でないものは次のうちどれですか。

(1) カルテルを行った事業者に対しては，カルテルを排除する命令だけでなく，課徴金を納付するよう命じられることがある。

(2) カルテルを実施した事業者は，それによって損害を被った事業者から損害賠償請求を受けることがあるが，この場合，事業者は故意または過失がなかったことを証明しても責任を免れることはできない。

(3) 他の金融機関と話し合って，その地域にある１つの金融機関をプライスリーダーと定め，他の金融機関はプライスリーダーの定めた金利に追随することは，カルテルには該当しない。

(4) 複数の事業者が一般的な市場動向について意見交換を行った場合，カルテルには該当しない。

解答ポイント＆正解

カルテルを行った事業者に対しては，カルテルを排除する命令だけでなく，課徴金を納付するよう命じられることがある。よって，(1)は適切である。

カルテルを実施した事業者は，それによって損害を被った事業者から損害賠償請求を受けることがあるが，この損害賠償責任について独占禁止法は，事業者が自己に故意または過失がなかったことを証明しても責任を免れることができないこととし，事業者に無過失責任を負わせている。よって，(2)は適切である。

他の金融機関と話し合って，その地域にある１つの金融機関をプライスリーダーと定め，他の金融機関がプライスリーダーの定めた金利に追随することは，カルテルに該当する。よって，(3)は適切でなく，これが本問の正解である。

複数の事業者が一般的な市場動向について意見交換を行っても，カルテルは成立しない。よって，(4)は適切である。

正解：(3)　正解率：65.19%

公式テキスト　第2編6-3「カルテル」

問－29　優越的地位の濫用

優越的地位の濫用に関する記述について，適切でないものは次のうちどれですか。

(1)　取引上の地位が優越しているというためには，市場支配的な地位やそれに準ずる絶対的に優越した地位である必要はなく，取引の相手方との関係で相対的に優越した地位であれば足りる。

(2)　取引上の地位が相手方に優越している当事者が，相手方との間で自身に有利な内容の契約を締結した場合，それが正常な商慣習に照らして相手方に不当な不利益を与えるものでなくても，優越的地位の濫用にあたる。

(3)　独占禁止法だけではなく，銀行法も，銀行が優越的地位を不当に利用して取引先に不利益を与える行為を禁止している。

(4)　金融機関の行為が，優越的地位の濫用と認定された場合，公正取引委員会から当該行為につき排除措置命令がなされる場合がある。

解答ポイント＆正解

取引上の地位が優越しているというためには，市場支配的な地位やそれに準ずる絶対的に優越した地位である必要はなく，取引の相手方との関係で相対的に優越した地位であれば足りる。よって，(1)は適切である。

優越的地位の濫用にあたるには，取引上の地位が相手方に優越している当事者が，その地位を利用して，相手方に，正常な商慣習に照らして不当に不利益を与える行為である必要がある。よって，(2)は適切でなく，これが本問の正解である。

銀行法は，銀行の業務に係る禁止行為として，顧客に対し，銀行としての取引上の優越的地位を不当に利用して，取引の条件または実施について不利益を与える行為を禁止している。よって，(3)は適切である。

優越的地位の濫用に該当する行為があるときは，公正取引委員会は，当該行為の差止め，契約条項の削除その他当該行為を排除するために必要な措置を命ずることができる。よって，(4)は適切である。

正解：(2)　正解率：60.16%

公式テキスト　第2編6-2「不公正な取引方法」

抱合せ取引

独占禁止法で禁止されている抱合せ取引に関する記述について，適切なものは次のうちどれですか。

(1)　金融機関が，顧客に対して融資をするにあたり，自身を通して顧客に投資信託を購入することを要請し，これを購入させることは，抱合せ取引に該当する可能性がある。

(2)　金融機関が，顧客に対して融資をするにあたり，他の金融機関と取引しないことを要請し，顧客にその約束をさせることは，抱合せ取引に該当する可能性がある。

(3)　いわゆる歩積および両建預金は，抱合せ取引に該当する可能性がある。

(4)　金融機関が，顧客に対して融資をするにあたり，顧客の役員の辞任と，金融機関職員の顧客役員への就任を要請し，これに従わせることは，抱合せ取引に該当する可能性がある。

解答ポイント＆正解

抱合せ取引とは，相手方に対し，不当に，商品または役務の供給にあわせて他の商品または役務を自己または自己の指定する事業者から購入させ，その他自己または自己の指定する事業者と取引するように強制することをいう。

金融機関が，融資をするにあたり，自身を通して投資信託を購入させることは，不当に，商品または役務の供給にあわせて他の商品または役務を自己または自己の指定する事業者から購入させる行為に該当し，抱合せ取引となる可能性がある。よって，(1)は適切であり，これが本問の正解である。

金融機関が，融資をするにあたり，他の金融機関との取引を制限する行為は，排他条件付き取引に該当する可能性がある。よって，(2)は適切でない。

金融機関が顧客の手形を割り引いたとき，その割引額の一部を預金として積み立てさせたものを歩積預金といい，融資を行う際に，融資額の一部を預金として金融機関に預けさせたものを両建預金というが，これらは預金拘束にあたり，優越的地位の濫用に該当する可能性がある。よって，(3)は適切でない。

金融機関が，融資をするにあたり，取引先の役員人事に介入することは，それが相当と認められるものでなければ，優越的地位の濫用に該当する可能性がある。よって，(4)は適切でない。

正解：(1)　正解率：62.68%

公式テキスト　第2編6-2「不公正な取引方法」

問－31　適合性の原則

金融商品取引法における適合性の原則に関する記述について，適切なものの組合せは次のうちどれですか。

(a)　適合性の原則に合致した勧誘を行うには，顧客の属性を明確に把握することが必要である。

(b)　取引の相手方が特定投資家である場合，適合性の原則は適用されない。

(c) 顧客の投資目的は，適合性の原則に合致しているかどうかの判断要素には含まれず，顧客に投資の意思があれば，適合性の原則違反とはならない。

(d) 適合性の原則に違反した場合，金融商品取引法違反として刑事処分の対象となるほか，民事上は損害賠償責任を負う可能性がある。

(1) (a)，(b)

(2) (b)，(c)

(3) (c)，(d)

(4) (a)，(d)

解答ポイント＆正解

適合性の原則とは，金融商品取引業者等が投資勧誘等に際して，投資者の知識・経験・財産状況および投資目的等にかんがみて，不適当と認められる勧誘を行ってはならないとする理念をいい，これに合致した勧誘を行うには，顧客の知識・経験・財産状況等の属性を明確に把握することが必要である。よって，(a)は適切である。

特定投資家は，投資について豊富な専門知識をもっており，みずから適切な投資判断ができるため，適合性の原則は，特定投資家には適用されない。よって，(b)は適切である。

適合性の原則に合致しているかどうかの判断要素においては，顧客の投資目的も含まれ，投資目的に配慮した商品を勧誘する必要がある。よって，(c)は適切でない。

適合性の原則に違反した場合，民事上は損害賠償責任を負うことがあるが，刑罰の規定はない。よって，(d)は適切でない。

以上より，(1)が本問の正解である。

正解：(1)

正解率：76.50%

公式テキスト **第2編7-3「登録金融機関の行為規制」**

問—32 断定的判断の提供

断定的判断の提供に関する記述について，適切なものの組合せは次のうちどれですか。

(a) 断定的判断の提供の禁止に違反した場合，金融商品取引業者等には金融商品取引法に定める刑罰が科せられる。

(b) 断定的判断の提供により勧誘を行った場合でも，その判断が合理的根拠にもとづくものであれば，法令違反とはならない。

(c) 不確実な事項について断定的判断を提供するだけでなく，確実であると誤解させるおそれがあることを告げて勧誘を行った場合も法令違反となる。

(d) 「必ず」「間違いない」といった表現が用いられていなくても，断定的判断の提供に該当し，違法となる場合がある。

(1) (a)，(b)
(2) (b)，(c)
(3) (c)，(d)
(4) (a)，(d)

解答ポイント＆正解

金融商品取引法には，断定的判断の提供の禁止に関して，刑罰の規定はない。よって，(a)は適切でない。

金融商品取引法は，断定的判断を提供する行為自体を禁じており，それが合理的根拠にもとづくものであったとしても法令違反となる。よって，(b)は適切でない。

不確実な事項について断定的判断を提供するだけでなく，確実であると誤解させるおそれがあることを告げて勧誘を行った場合も法令違反となる。よって，(c)は適切である。

断定的判断の提供が違法になるには，「必ず」「間違いない」といった表現を用いることは必須の要件ではない。仮にこれらの表現を用いていなかったとしても，断定的判断の提供に該当し，違法となる場合がある。よって，(d)は適切である。

以上より，(3)が本問の正解である。

正解：(3)　正解率：84.18%

公式テキスト　第2編7-3「登録金融機関の行為規制」

問ー33　投資信託の販売

投資信託の販売に関する記述について，適切でないものは次のうちどれですか。

(1)　投資信託の販売を行う金融機関は，金融商品取引法の規定にもとづいて，内部管理統括責任者・営業責任者・内部管理責任者を置かなければならない。

(2)　金融機関が投資信託を取り扱う場合，預金等ではないこと，預金保険の対象ではないこと，元本の返済が保証されていないこと，契約の主体，その他預金等との誤認防止に関し参考となると認められる事項を説明しなければならない。

(3)　特定の顧客に対して，所定の優遇金利を下回る特別の優遇金利での融資を約束して投資信託の購入を勧誘することは許されない。

(4)　金融機関の職員は，外務員資格試験に合格すれば，ただちに投資信託の販売を行うことができるわけではない。

解答ポイント＆正解

投資信託の販売を行う金融機関は，内部管理統括責任者・営業責任者・内部管理責任者を置かなければならない。これは日本証券業協会の自主規制規則にもとづくものである。よって，(1)は適切でなく，これが本問の正解である。

金融機関が投資信託を取り扱う場合，預金等ではないこと，預金保険の対象ではないこと，元本の返済が保証されていないこと，契約の主体，その他預金等との誤認防止に関し参考となると認められる事項を説明しなければならない。よって，(2)は適切である。

金融商品取引業者等の行為規制として，顧客もしくはその指定した者に対し，特別の利益の提供を約し，または顧客もしくは第三者に対し特別の利益を提供する行為も禁止される。金融機関が一定の条件を充足する顧客に対して所定の範囲内の優遇金利で融資をすることは特別なことではないが，特定の顧客に対してのみ所定の優遇金利を下回る特別の優遇金利での融資をすることは，特別の利益提供と考えられる。よって，(3)は適切である。

投資信託の販売を含む証券取引の勧誘を行うには，外務員資格試験に合格しただけでは足りず，外務員登録を受ける必要がある。よって，(4)は適切である。

正解：(1)　正解率：63.93%

公式テキスト　第2編7-2「投資商品販売実務における改正事項」

問ー34　損失補てん等の禁止

金融商品取引法における損失補てん等の禁止に関する記述について，適切でないものは次のうちどれですか。

(1)　顧客が金融商品取引業者等から補てんを受けた財産上の利益は，没収の対象となる。

(2)　有価証券の売買について，顧客から金融商品取引業者等に損失補てんを要求する行為は禁止されている。

(3)　損失補てんを行った金融商品取引業者等に対しては刑罰が科されることはあるが，当該金融商品取引業者等の役職員に刑罰が科されることはない。

(4)　金融商品取引業者等の違法または不当行為（事故）によって顧客に損失が生じた場合，当該金融商品取引業者等は，一定の手続を経ることにより，損失を補てんすることができる。

解答ポイント＆正解

顧客が金融商品取引業者等から補てんを受けた財産上の利益は，没収の対象となる。よって，(1)は適切である。

有価証券の売買について，顧客から金融商品取引業者等に損失補てんを要求する行為は禁止されている。よって，(2)は適切である。

損失補てんを行った金融商品取引業者等の役職員は，刑罰の対象となる。よって，(3)は適切でなく，これが本問の正解である。

金融商品取引業者等の違法または不当行為（事故）によって顧客に損失が生じた場合，当該金融商品取引業者等は，一定の手続を経ることにより，損失を補てんすることができる。よって，(4)は適切である。

正解：(3)

正解率：87.51％

公式テキスト **第2編7-3「登録金融機関の行為規制」**

問－35 相場操縦

相場操縦に関する記述について，適切でないものは次のうちどれですか。

(1)　Aが，X証券会社でB社の10万株の買い注文を出し，同時にY証券会社でB社の10万株の売り注文を出す行為は，仮装売買に該当するおそれがある。

(2)　CがZ証券会社と通謀のうえ，D社の10万株の買い注文を出し，同時期に，同価格でZ証券会社がD社の10万株の売り注文を出した場合，CおよびZ証券会社の行為は，馴合売買に該当するおそれがある。

(3)　約定させる意思のない買い注文を大量発注し，約定する前に取り消すことは，現実に発注していても，株価を人為的に上下させる，いわゆる「みせ玉」に該当するおそれがある。

(4) 相場操縦行為は，他人に誤解をさせる目的で行われる行為や取引を誘引する目的で行われる行為をいい，相場を固定させる目的をもって行われる行為は該当しない。

解答ポイント＆正解

Aが，X証券会社でB社の10万株の買い注文を出し，同時にY証券会社でB社の10万株の売り注文を出す行為は，仮装売買に該当するおそれがある。よって，(1)は適切である。

CがZ証券会社と通謀のうえ，D社の10万株の買い注文を出し，同時期に，同価格でZ証券会社がD社の10万株の売り注文を出した場合，CおよびZ証券会社の行為は，馴合売買に該当するおそれがある。よって，(2)は適切である。

約定させる意思のない買い注文を大量発注し，約定する前に取り消すことは，現実に発注していても，株価を人為的に上下させる，いわゆる「みせ玉」に該当するおそれがある。よって，(3)は適切である。

相場を固定させる目的をもって行われる行為も，相場操縦行為に該当する。よって，(4)は適切でなく，これが本問の正解である。

正解：(4)

正解率：86.25%

公式テキスト **第2編7-6「相場操縦行為等の禁止」**

風説の流布

金融商品取引法における風説の流布に関する記述について，適切でないものは次のうちどれですか。

(1) 風説の流布とは，不特定または多数人に伝えることであり，特定の者だけに伝えた場合は，その後，不特定または多数人に広まっても風説の流布には該当しない。

(2) 風説の流布の罪の対象者は，金融商品取引業者等の役職員に限られない。

⑶　風説の流布によって相場を変動させた場合，刑罰が科されるほか課徴金が課されることもあり，それによって得られた財産は，原則として没収される。

⑷　風説を流布する行為者は，合理的根拠のないことを認識している必要がある。

解答ポイント＆正解

風説の流布とは，不特定または多数人に伝えることであるが，特定の者だけに伝えた場合，その後，不特定または多数人に広まったときには，風説の流布に該当するおそれがある。よって，⑴は適切でなく，これが本問の正解である。

金融商品取引法158条は，「何人も，有価証券の募集，売出し若しくは売買その他の取引若しくはデリバティブ取引等のため，又は有価証券等の相場の変動を図る目的をもって，風説を流布し，偽計を用い，又は暴行若しくは脅迫をしてはならない」旨を規定している。このように，同条の対象は金融商品取引業者等の役職員だけに限定されておらず，誰もが対象となっている。よって，⑵は適切である。

風説の流布によって相場を変動させた場合，刑罰が科されるほか，それによって得られた財産は，原則として没収される。また，法規制の実効性を確保するという行政目的を達成するため，行政上の措置として課徴金が課されることもある。よって，⑶は適切である。

風説を流布する行為者は，合理的根拠のないことを認識している必要がある。よって，⑷は適切である。

正解：⑴　**正解率：90.54%**

公式テキスト　**第2編7-5「風説の流布，偽計，暴行または脅迫の禁止」**

問一37　浮貸し

浮貸しに関する記述について，適切でないものは次のうちどれですか。

(1)　浮貸しの罪により処罰されるのは，その行為をした金融機関の役職員であり，当該金融機関は処罰の対象には含まれない。

(2)　浮貸しの構成要件のうちの「金銭の貸付」には，手形割引による金銭の交付は含まれない。

(3)　浮貸しの構成要件のうちの「自己または当該金融機関以外の第三者の利益を図るため」の「利益」は，財産上の利益に限定されず，自己の地位を保全するなどの非財産上の利益を含む。

(4)　浮貸しが禁止された理由は，金融機関の役職員がその地位を利用してサイドビジネスを行うことにより，金融機関に対する信頼が害され，預金者等に不測の損害を与える可能性が高いことにある。

解答ポイント＆正解

浮貸しの罪により処罰されるのは，その行為をした金融機関の役職員であり，当該金融機関は処罰の対象に含まれない。よって，(1)は適切である。

浮貸しの構成要件のうちの「金銭の貸付」には，手形割引による金銭の交付も含まれる。よって，(2)は適切でなく，これが本問の正解である。

浮貸しの構成要件のうちの「自己または当該金融機関以外の第三者の利益を図るため」の「利益」は，財産上の利益に限定されない。よって，(3)は適切である。

浮貸しが禁止された理由は，金融機関の役職員がその地位を利用してサイドビジネスを行うことにより，金融機関に対する信頼が害され，預金者等に不測の損害を与える可能性が高いことにある。よって，(4)は適切である。

正解：(2)

正解率：58.83%

公式テキスト　**第2編5-7「浮貸し」**

問－38　偽造・盗難カード等預貯金者保護法

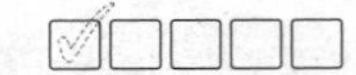

偽造・盗難カード等預貯金者保護法に関する記述について，適切でないものは次のうちどれですか。

⑴　偽造・盗難カード等預貯金者保護法は，偽造カードによる機械式預貯金払戻しだけでなく，偽造カードによる機械式金銭借入れにも適用される。

⑵　偽造カード等による機械式預貯金払戻しについて，預貯金者が不正払戻しに関与している場合には，金融機関に過失が認められても，当該金融機関の補てん義務は４分の３に軽減される。

⑶　盗難カード等による機械式預貯金払戻しについて，金融機関が不正な払戻しについて善意無過失で，当該払戻しが預貯金者の配偶者によって行われたことを証明した場合には，当該金融機関は補てん義務を免れる。

⑷　盗難カードについて，金融機関に対して盗取された旨の通知が行われた日の30日前の日より前の不正払戻しについては，金融機関は補てん義務を負わない。

解答ポイント＆正解

偽造・盗難カード等預貯金者保護法は，偽造カードによる機械式預貯金払戻しと機械式金銭借入れの双方に適用される。よって，⑴は適切である。

偽造カード等による機械式預貯金払戻しについて，①払戻しが預貯金者の故意にもとづく場合，または②金融機関が善意無過失で，預貯金者に重大な過失がある場合に限り，金融機関は免責される。預貯金者に故意が認められるのであれば，金融機関に過失があっても金融機関は免責される。よって，⑵は適切でなく，これが本問の正解である。

盗難カード等による機械式預貯金払戻しについて，金融機関が不正な払戻しについて善意無過失で，当該払戻しが預貯金者の配偶者によって行われたことを証明した場合には，当該金融機関は補てん義務を免れる。よって，⑶

は適切である。

盗難カードについて金融機関が補てん責任を負うのは，金融機関に対して盗取された旨の通知が行われた日の30日前の日以後の不正払戻しである。よって，(4)は適切である。

正解：(2)　正解率：63.49%

公式テキスト　第2編3-9「偽造・盗難カードにおける預貯金者の保護」

振り込め詐欺救済法

振り込め詐欺救済法に関する記述について，適切でないものは次のうちどれですか。

(1)　振り込め詐欺救済法は，預金口座等への振込を利用して行われた詐欺等の犯罪行為により被害を受けた者に対する被害回復分配金の支払等のため，預金等に係る債権の消滅手続および被害回復分配金の支払手続等を定め，被害を受けた者の財産的被害の迅速な回復等に資することを目的とする。

(2)　被害回復分配金の支払手続がすべて終了した後で残余金がある場合には，金融機関はこれを雑収益として計上することができる。

(3)　犯罪利用預金口座に係る預金債権の消滅手続を行おうとする金融機関は，当該預金債権について，預金保険機構に対し，債権の消滅手続の開始に係る公告を求めなければならない。

(4)　捜査機関から預金口座の不正な利用に関する情報の提供があった場合，その他の事情を勘案すれば犯罪利用預金口座である疑いがあると認められるときには，金融機関は当該預金口座について取引の停止等の措置を適切に講じなければならないが，このとき預金者本人の同意を得ることは不要である。

解答ポイント＆正解

振り込め詐欺救済法は，預金口座等への振込を利用して行われた詐欺等の犯罪行為により被害を受けた者に対する被害回復分配金の支払等のため，預金等に係る債権の消滅手続および被害回復分配金の支払手続等を定め，被害を受けた者の財産的被害の迅速な回復等に資することを目的とする。よって，⑴は適切である。

被害回復分配金の支払手続がすべて終了した後で残余金がある場合には，金融機関は預金保険機構に対して当該残余財産を納付しなければならない。よって，⑵は適切でなく，これが本問の正解である。

犯罪利用預金口座に係る預金債権の消滅手続を行おうとする金融機関は，当該預金債権について，預金保険機構に対し，債権の消滅手続の開始に係る公告を求めなければならない。よって，⑶は適切である。

捜査機関から預金口座の不正な利用に関する情報の提供があった場合，その他の事情を勘案すれば犯罪利用預金口座である疑いがあると認められるときは，金融機関は取引停止等の措置を適切に講じる必要があるが，その際，預金者本人の同意を得る必要はない。よって，⑷は適切である。

正解：⑵　正解率：81.89%

公式テキスト　第2編3-10「振り込め詐欺による被害者の保護」

問－40　著作権

著作権に関する記述について，適切でないものは次のうちどれですか。

⑴　著作権者が死亡し，相続人が1人もいない場合であっても，著作権者の死後70年が経過するまでの間，著作権は存続する。

⑵　著作権法では，著作物についての複製権のほか，上演権，口述権，展示権，翻訳権などといった権利を著作財産権として保護している。

⑶　国等の周知を目的とした資料は，転載を禁止する旨の表示がある場合を除き，説明の材料として新聞紙その他の刊行物に自由に転載することができる。

⑷　著作権を侵害した場合，民事上の損害賠償請求を受けるだけでな

く，刑罰を科される可能性もある。

解答ポイント＆正解

著作権者が死亡した場合において，著作権が民法の規定により国庫に帰属すべきことになったときは，著作権は消滅する。よって，⑴は適切でなく，これが本問の正解である。

著作権法では，著作物についての複製権のほか，上演権，口述権，展示権，翻訳権などといった権利を著作財産権として保護している。よって，⑵は適切である。

国等の周知を目的とした資料は，転載を禁止する旨の表示がある場合を除き，説明の材料として新聞紙その他の刊行物に自由に転載することができる。よって，⑶は適切である。

著作権を侵害した場合，民事上の損害賠償請求を受けるだけでなく，刑罰を科される可能性もある。よって，⑷は適切である。

正解：⑴　正解率：19.14%

公式テキスト　第2編8-6「著作権」

内部のリスク管理態勢とコンプライアンス

問−41 文書提出命令

文書提出命令に関する記述について，適切でないものは次のうちどれですか。

⑴　文書の表示や趣旨を明らかにできないときでも，文書提出命令の申立てをすることができる。

⑵　貸出稟議書は，原則として「もっぱら文書の所持者の利用に供するための文書」であるものの，文書提出命令の対象になることがある。

⑶　訴訟の当事者の一方が文書提出命令に従わなかった場合，裁判所は当該文書の記載に関する相手方の主張を真実と認定することができるが，そのような認定が義務付けられるわけではない。

⑷　金融機関が当事者ではない第三者間の訴訟においても，金融機関に対して審尋のうえ文書提出命令が下されることがあるが，これに従わなくとも特段の不利益はない。

解答ポイント＆正解

文書提出命令の申立てをするには，①文書の表示，②文書の趣旨，③文書の所持者，④証明すべき事実，⑤文書の提出義務の原因，を明らかにする必要があるが，文書の表示や文書の趣旨を明らかにすることが著しく困難であるときは，その申立ての時においては，これらの事項に代えて，文書の所持者がその申立てに係る文書を識別することができる事項を明らかにすれば足りる。よって，⑴は適切である。

貸出稟議書は，特段の事情がない限り，「もっぱら文書の所持者の利用に供するための文書」にあたり，原則として，文書提出義務を負わないが，逆に言えば，特段の事情がある場合には，文書提出義務が認められることになる。よって，⑵は適切である。

訴訟の当事者が文書提出命令に従わない場合，その当事者に敗訴の危険を負わせることが，文書提出命令の実効性を確保する観点からみて合理的である。そこで，当事者が文書提出命令に従わないときは，裁判所は，当該文書の記載に関する相手方の主張を真実と認めることができる。しかし，真実と認定しなければならないわけではない。よって，⑶は適切である。

文書提出義務は，訴訟の当事者の義務ではなく，文書の所持者の義務である。したがって，金融機関が訴訟の当事者ではない第三者間の訴訟においても，金融機関が文書提出義務を負う文書の所持者である場合は，金融機関に対して文書提出命令が下されることがある。この場合，裁判所は，あらかじめ裁判の当事者でない金融機関を審尋する。そして，金融機関が文書提出命令に従わなかったときは，過料の制裁を受ける。よって，⑷は適切でなく，これが本問の正解である。

正解：⑷　正解率：50.78%

公式テキスト　第3編2-2「民事訴訟における文書提出命令」

問―42　法定後見制度

法定後見制度に関する記述について，適切でないものは次のうちどれですか。

⑴　成年被後見人自身が行った行為は，本人または成年後見人によって取り消すことができるが，日用品の購入その他日常生活に関する行為については取消権の対象から除外されている。

⑵　被保佐人の行為のうち，保佐人の同意を要する行為が民法上列挙されているが，必要であれば家庭裁判所が追加することもでき，また保佐人に代理権を与えることもできる。

⑶　複数の成年後見人が選任されることもある。

⑷　成年後見人になることができるのは自然人に限られる。

解答ポイント＆正解

成年後見人は成年被後見人の法定代理人であり，その財産管理にあたっては広範な代理権・取消権を有するが，日用品の購入その他日常生活に関する行為については成年被後見人が単独で行うことができ，成年後見人はこれを取り消すことができない。よって，(1)は適切である。

被保佐人の行為のうち，保佐人の同意を要する行為が民法上列挙されているが，必要であれば家庭裁判所が追加することもでき，また保佐人に代理権を与えることもできる。よって，(2)は適切である。

成年後見人は１人とは限らず，複数の成年後見人が選任されることもある。よって，(3)は適切である。

法人を成年後見人とすることも認められている。よって，(4)は適切でなく，これが本問の正解である。

正解：(4)　正解率：71.77%

公式テキスト　第2編3-3「成年後見制度」

任意後見制度

任意後見制度に関する記述について，適切でないものは次のうちどれですか。

(1)　任意後見契約は公正証書によって締結しなければならないこととされており，締結と同時に効力を生じる。

(2)　任意後見人は，成年後見人とは異なり，本人が行った行為を取り消すことはできない。

(3)　任意後見人の氏名・住所や代理権の範囲は，後見登記等ファイルに記載される。

(4)　任意後見制度は，本人に判断能力が備わっている間に，本人の希望する内容で任意後見契約を締結するものであり，本人の自己決定権を最大限に尊重した制度である。

解答ポイント＆正解

任意後見契約は，家庭裁判所によって任意後見監督人が選任されることによって効力を生じる。よって，⑴は適切でなく，これが本問の正解である。

任意後見人は，成年後見人とは異なり，本人が行った行為を取り消すことはできない。よって，⑵は適切である。

任意後見人の氏名・住所や代理権の範囲は，後見登記等ファイルに記載される。よって，⑶は適切である。

任意後見制度は，本人に判断能力が備わっている間に，本人の希望する内容で任意後見契約を締結するものであり，本人の自己決定権を最大限に尊重した制度である。よって，⑷は適切である。

正解：⑴　正解率：65.48%

公式テキスト　第2編3-3「成年後見制度」

後見登記制度

後見登記制度に関する記述について，適切でないものは次のうちどれですか。

⑴　後見開始の審判があったとの届出を受けた金融機関は，法務局（登記官）に登記事項証明書の交付を請求することができない。

⑵　後見登記制度においては，何人も，法務局（登記官）に自己が登記されていないことの証明書の交付を請求することができる。

⑶　後見開始の審判があったときは，成年後見人等の利害関係人が後見の登記の申請をしなければならない。

⑷　成年被後見人の親族は，成年後見人の住所が変更になったときは，嘱託による登記がされる場合を除き，変更の登記を申請することができる。

解答ポイント＆正解

成年被後見人の登記事項証明書の交付を請求できる者は，取引の安全の保護と本人のプライバシー保護の調和を図る観点から一定の範囲の者に限定されており，金融機関は交付を請求することができない。よって，(1)は適切である。

後見登記制度においては，何人も，法務局（登記官）に自己が登記されていないことの証明書の交付を請求することができる。よって，(2)は適切である。

後見開始の審判があったときは，嘱託により登記がなされる。よって，(3)は適切でなく，これが本問の正解である。

成年被後見人の親族は，成年後見人の住所が変更になったときは，嘱託による登記がされる場合を除き，変更の登記を申請することができる。よって，(4)は適切である。

正解：(3)　正解率：40.21%

公式テキスト　第2編3-3「成年後見制度」

問一45　インサイダー取引規制

インサイダー取引規制に関する記述について，適切でないものは次のうちどれですか。

(1)　取締役会のような正式な機関決定前であっても，常務会等の実質的な決定機関が，他社と合併を行うことを決定したという事実は重要事実となりうる。

(2)　インサイダー取引による法令違反行為を行った者の氏名は，一般に公表することができる。

(3)　規制対象となる重要事実とは，上場会社の業務等に関する事実のみならず，当該上場会社の子会社の業務等に関する事実も含まれる。

(4)　インサイダー取引は未公表の重要事実を伝達することを禁止しており，これに違反した者は，伝達を受けた者が実際に当該上場会社の株式を売買したかどうかを問わず，処罰される。

解答ポイント＆正解

取締役会のような正式な機関決定前であっても，常務会等の実質的な決定機関が，他社と合併を行うことを決定したという事実は重要事実となりうる。よって，⑴は適切である。

インサイダー取引による法令違反行為を行った者の氏名は，一般に公表することができる。よって，⑵は適切である。

規制対象となる重要事実には，当該上場会社の子会社の業務等に関する事実も含まれる。よって，⑶は適切である。

未公表の重要事実を伝達することは禁止されているが，違反者の処罰にあたっては，情報伝達を受けた者が実際に売買等をしたことが要件となる。よって，⑷は適切でなく，これが本問の正解である。

正解：⑷

正解率：47.08%

公式テキスト 第2編7-7「内部者取引（インサイダー取引）の禁止」

問−46 各種公的機関からの照会と対応

公的機関からの照会に関する記述について，適切でないものは次のうちどれですか。

⑴ 犯罪事件の捜査に関し捜査当局から捜査関係事項照会書の送付を受けた場合，これに対して回答しても原則として守秘義務違反とはならない。

⑵ 国税滞納者調査に関して税務署員の質問に対して答弁しなかった場合，金融機関職員は罰せられる可能性がある。

⑶ 弁護士会から金融機関に対して顧客情報に関する照会請求がなされた場合，判例では正当な理由がない限り金融機関に報告義務があるとされている。

⑷ 裁判所からの調査嘱託に対して回答しなかった場合，刑罰に処せられる可能性がある。

解答ポイント＆正解

犯罪事件の捜査に関し，捜査関係事項照会書の送付を受けた場合，これに対して回答しても原則として守秘義務違反とはならない。よって，(1)は適切である。

国税滞納者調査に関して税務署員の質問に対して答弁しなかった場合，金融機関職員は罰せられる可能性がある。よって，(2)は適切である。

弁護士会から照会請求があった場合，正当な理由がない限り，金融機関に報告義務があるとされている。よって，(3)は適切である。

裁判所からの調査嘱託に対して，回答しなくとも刑罰に処せられることはないが，後に裁判所から証人として呼び出される可能性がある。よって，(4)は適切でなく，これが本問の正解である。

正解：(4)　正解率：51.37%

公式テキスト　第2編3-5「守秘義務」

保証

保証に関する記述について，適切でないものは次のうちどれですか。

(1)　会社の債務の個人貸金等根保証人である代表取締役Ａが代表取締役を退任し，新代表取締役Ｂが個人貸金等根保証人となった場合，Ａの個人貸金等根保証契約の元本は確定する。

(2)　個人貸金等根保証契約における保証人は，主債務の元本，主債務に関する利息，違約金，損害賠償その他その債務に従たるすべてのもの，およびその保証債務について約定された違約金または損害賠償の額について，その全部に係る極度額を限度として履行責任を負う。

(3)　事業のための借入債務を主債務とする貸金等債務について，個人（経営者等を除く）が保証人になるためには，保証契約締結の日前１か月以内に作成された公正証書において，保証債務を履行する意思を表示していなければならない。

(4) 事業のために負担する貸金等債務の主債務者は，保証の委託をする場合，委託を受ける個人に対し，主債務者の財産および収支の状況等の一定の情報を提供しなければならない。

解答ポイント＆正解

個人貸金等根保証人である代表取締役が退任し，新代表取締役が個人貸金等根保証人となることは，前代表取締役の個人貸金等根保証契約の元本の確定事由には該当しない。よって，(1)は適切でなく，これが本問の正解である。

個人貸金等根保証契約における保証人は，主債務の元本，主債務に関する利息，違約金，損害賠償その他その債務に従たるすべてのもの，およびその保証債務について約定された違約金または損害賠償の額について，その全部に係る極度額を限度として履行責任を負う。よって，(2)は適切である。

事業のための借入債務を主債務とする貸金等債務について，個人（経営者等を除く）が保証人になるためには，保証契約締結の日前1か月以内に作成された公正証書において，保証債務を履行する意思を表示していなければならない。よって，(3)は適切である。

事業のために負担する貸金等債務の主債務者は，保証の委託をする場合，委託を受ける個人に対し，主債務者の財産および収支の状況等の一定の情報を提供しなければならない。よって，(4)は適切である。

正解：(1)

正解率：37.25%

公式テキスト 第2編3-7「保証」

電子記録債権

電子記録債権に関する記述について，適切なものは次のうちどれですか。

(1) 電子記録債権は，電子債権記録機関が発生記録をしなくとも，債権者と債務者の双方が発生させる旨の合意をすれば発生する。

⑵　電子記録債権は，譲渡記録には担保的効力はなく，譲渡人は，その後，電子記録債権を取得した者に対して遡求義務を負わない。

⑶　電子記録債権は，弁済がなされたときではなく，電子債権記録機関が支払等記録をした時に消滅する。

⑷　電子記録債権に係る債務を主たる債務とする保証は，電子債権記録機関に保証記録をするか否かにかかわらず，電子記録保証に該当する。

解答ポイント＆正解

電子記録債権は，発生記録をすることによって生ずる。よって，⑴は適切でない。

電子記録債権の譲渡記録には担保的効力がある旨が法定されていないから，電子記録債権の譲渡人は，遡求義務を負わない。よって，⑵は適切であり，これが本問の正解である。

電子記録債権も金銭債権である以上，支払等記録がなくても，弁済によって消滅する。よって，⑶は適切でない。

電子記録債権に係る債務を主たる債務とする保証であって，電子債権記録機関に保証記録をしたものを，電子記録保証という。よって，⑷は適切でない。

正解：⑵　正解率：41.54%

問−49　パワーハラスメント

職場におけるパワーハラスメントに関する記述について，適切でないものは次のうちどれですか。

⑴　職場において行われる，①優越的な関係を背景とした言動であって，②業務上必要かつ相当な範囲を超えたものにより，③労働者の就業環境が害されるもの，という３つの要素をすべて満たすものを，パ

ワーハラスメントという。

(2) 能力や経験とかけ離れた，程度の低い仕事を命じることや，仕事を与えないこともパワーハラスメントに該当しうる。

(3) 「職場」とは，事業主が雇用する労働者が業務を遂行する場所を指し，当該労働者が通常就業している場所以外の場所であっても，当該労働者が業務を遂行する場所はこれに含まれる。

(4) 上司が部下に対して業務上必要かつ相当な範囲で行った指導でも，受けた側の部下がハラスメントだと感じればすべてパワーハラスメントに該当する。

解答ポイント＆正解

職場におけるパワーハラスメントとは，職場において行われる，①優越的な関係を背景とした言動であって，②業務上必要かつ相当な範囲を超えたものにより，③労働者の就業環境が害されるもの，という3つの要素をすべて満たすものをいう。よって，(1)は適切である。

能力や経験とかけ離れた，程度の低い仕事を命じることや，仕事を与えないこともパワーハラスメントに該当しうる。よって，(2)は適切である。

「職場」とは，事業主が雇用する労働者が業務を遂行する場所を指し，当該労働者が通常就業している場所以外の場所であっても，当該労働者が業務を遂行する場所はこれに含まれる。よって，(3)は適切である。

客観的にみて，業務上必要かつ相当な範囲で行われる適正な業務指示や指導は，パワーハラスメントに該当しない。よって，(4)は適切でなく，これが本問の正解である。

正解：(4)

正解率：73.69%

公式テキスト **第3編4-4「パワーハラスメント」**

労働契約法

労働契約法に関する記述について，適切でないものは次のうちどれですか。

⑴　労働契約法は，従来，労働基準法で明文化されず判例として確立された分野を明文化したものが多く，労働契約法と労働基準法は相互に連携し合う関係にある。

⑵　労働契約の違反については，労働基準法の違反と同様に，労働基準監督署等の労働行政機関に対して行政指導や強制権限を促して解決することが想定されている。

⑶　有期労働契約が繰り返し更新されて通算５年を超えた場合には，労働者の申込により，有期労働契約を無期労働契約に転換することができる。

⑷　労働契約法上，使用者が合理的な内容の就業規則を労働者に周知させていた場合には，就業規則に定められた内容が労働条件となると規定されている。

解答ポイント＆正解

労働契約法は，従来，労働基準法で明文化されず判例として確立された分野を明文化したものが多く，労働契約法と労働基準法は相互に連携し合う関係にある。よって，⑴は適切である。

労働契約の違反に関する法の実現は，契約当事者が紛争解決の手続を利用して行う必要がある。よって，⑵は適切でなく，これが本問の正解である。

有期労働契約が繰り返し更新されて通算５年を超えた場合には，労働者の申込により，有期労働契約を無期労働契約に転換することができる。よって，⑶は適切である。

労働契約法上，使用者が合理的な内容の就業規則を労働者に周知させていた場合には，就業規則に定められた内容が労働条件となると規定されている。よって，⑷は適切である。

正解：(2)

正解率：43.46%

(公式テキスト) 第3編4-2「労務管理」

2023年10月（第60回）

試験問題・解答ポイント・正解

金融機関とコンプライアンス

金融取引とコンプライアンス

内部のリスク管理態勢とコンプライアンス

※問題および各問題についての解答ポイント・正解は，原則として試験実施日におけるものです。

金融機関とコンプライアンス

金融機関におけるコンプライアンス

金融機関におけるコンプライアンスに関する記述について，適切でないものは次のうちどれですか。

(1)　「しなければならないと決められていないが，行ったほうがよいと思われることを積極的に行い，禁止されていないが行わないほうがよいと思われることを厳に慎む」というのが真のコンプライアンスであり，ビジネス行動上のグローバル・スタンダードといえる。

(2)　金融取引においては遵守すべき法律や規則等が多く存在するため，金融活動を行うにあたっては，法律・規則等を遵守することは当然のことであるが，たとえ法律・規則等に抵触しない場合でも，金融機関に求められている倫理観と誠実さにもとづき，公正な行動をとることを心がけることが必要である。

(3)　金融機関は，金融取引を通じて国民経済に深く関わっているという点で公共性の高い法人であるが，金融機関の業務の公共性については銀行法等の法令上の根拠はなく，あくまでも社会的に事実上求められている要請という位置づけのものである。

(4)　金融機関が市場の一員として活動するためには，ルールは守らなくてはならないという社会からの強い要請があり，ルールを守らなければ市場から追い出されることもありうるとの認識で，コンプライアンスをとらえる必要がある。

解答ポイント＆正解

「しなければならないと決められていないが，行ったほうがよいと思われることを積極的に行い，禁止されていないが行わないほうがよいと思われることを厳に慎む」というのが真のコンプライアンスであり，ビジネス行動上のグローバル・スタンダードといえる。よって，(1)は適切である。

金融取引においては遵守すべき法律や規則等が多く存在するため，金融活動を行うにあたっては，法律・規則等を遵守することは当然のことであるが，たとえ法律・規則等に抵触しない場合でも，金融機関に求められている倫理観と誠実さにもとづき，公正な行動をとることを心がけることが必要である。よって，(2)は適切である。

金融機関は，公共的使命と社会的責任を適切な金融活動を通じて遂行する義務があり，この旨は銀行法等にも明記されている。よって，(3)は適切でなく，これが本問の正解である。

金融機関が市場の一員として活動するためには，ルールは守らなくてはならないという社会からの強い要請があり，ルールを守らなければ市場から追い出されることもありうるとの認識で，コンプライアンスをとらえる必要がある。よって，(4)は適切である。

正解：(3)　正解率：94.78%

公式テキスト 第1編1「コンプライアンス態勢の構築」

問－2　銀行法による規制

銀行法による規制に関する記述について，適切でないものは次のうちどれですか。

(1) 内閣総理大臣（監督当局）は，銀行が法令，定款，内閣総理大臣の行った行政処分に違反したときは，業務の停止を命じることができるが，役員を解任する場合には当該銀行自身の機関決定を経なければならない。

(2) 内閣総理大臣（監督当局）は，銀行の業務の健全かつ適切な運営を確保するため必要があると認めるときは，銀行に対し，その業務または財産の状況に関し報告または資料の提出を求めることができる。

(3) 内閣総理大臣（監督当局）は，銀行の業務の健全かつ適切な運営を確保するため必要があると認めるときは，銀行の営業所その他の施設に立入検査を行うことができ，とくに必要があると認めるときは，その必要の限度において，銀行の子法人等の施設に立ち入ることができる。

(4) 内閣総理大臣（監督当局）は，銀行の業務の健全かつ適切な運営を確保するため必要があると認めるときは，銀行に対し，業務改善計画の提出を求めることができる。

解答ポイント＆正解

内閣総理大臣（監督当局）は，銀行が，法令，定款，内閣総理大臣の行った行政処分に違反したときは，業務の停止・役員の解任をすることができる。よって，(1)は適切でなく，これが本問の正解である。

内閣総理大臣（監督当局）は，銀行の業務の健全かつ適切な運営を確保するため必要があると認めるときは，銀行に対し，その業務または財産の状況に関し報告または資料の提出を求めることができる。よって，(2)は適切である。

内閣総理大臣（監督当局）は，銀行の業務の健全かつ適切な運営を確保するため必要があると認めるときは，銀行の営業所その他の施設に立入検査を行うことができ，とくに必要があると認めるときは，その必要の限度において，銀行の子法人等の施設に立ち入ることができる。よって，(3)は適切である。

内閣総理大臣（監督当局）は，銀行の業務の健全かつ適切な運営を確保するため必要があると認めるときは，銀行に対し，業務改善計画の提出を求めることができる。よって，(4)は適切である。

正解：(1)　正解率：93.55%

(公式テキスト) **第2編1-5「その他銀行法に基づく規制」**

問−3 公益通報者保護法

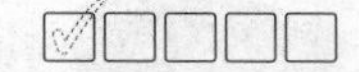

公益通報者保護法に関する記述について，適切でないものは次のうちどれですか。

(1) 常時使用する労働者の数が300人を超える事業者は，公益通報に適切に対応するために必要な体制の整備その他の必要な措置をとらなければならない。

(2) 内部調査等に従事する従業員が守秘義務に違反した場合，刑罰が科される可能性がある。

(3) 事業者は，公益通報によって損害を受けたことを理由として，公益通報者に対して賠償を請求することができない。

(4) 退任から１年以内の役員も公益通報者として保護される。

解答ポイント＆正解

常時使用する労働者の数が300人を超える事業者は，公益通報者の保護を図るとともに，公益通報に応じ適切に対応するために必要な体制の整備その他の必要な措置をとらなければならない。よって，(1)は適切である。

内部調査等に従事する者は，通報者を特定する情報について守秘義務を課されており，守秘義務に違反した場合には30万円以下の罰金に処せられる旨が定められている。よって，(2)は適切である。

通報者を保護するため，事業者は，公益通報者に対し，通報に伴う損害賠償を請求できないこととされている。よって，(3)は適切である。

退任した役員は，公益通報の主体となる者には含まれない。よって，(4)は適切でなく，これが本問の正解である。

正解：(4)

正解率：20.05%

公式テキスト 第1編2-6「不祥事件・苦情等に対する処置」

問ー4　利益供与

会社法における利益供与に関する記述について，適切でないものは次のうちどれですか。

(1)　利益供与の相手方は「何人に対しても」とされているので，株主に限らず，株主の親族に対して利益供与を行った場合でも，これにあたる。

(2)　会社の役員が利益供与を行い，役員が会社に対する民事責任を株主代表訴訟（会社法における「責任追及等の訴え」）により追及されて敗訴した場合，役員等賠償責任保険によってもその賠償額が補償されることはない。

(3)　利益供与は株主の権利行使に関して行われることが要件となるが，株主総会で株主の質問権を行使しないと約束するといった消極的なものでも，これに該当する可能性がある。

(4)　株主に対して債務免除を行った場合は，利益供与に該当しない。

解答ポイント＆正解

会社法において利益供与の相手方は「何人に対しても」とされているので，株主に限らず，株主の親族に対する利益供与も，禁止される利益供与になる。よって，(1)は適切である。

会社の役員が利益供与を行い，役員が会社に対する民事責任を株主代表訴訟により追及されて敗訴した場合，役員等賠償責任保険によってもその賠償額が補償されることはない。よって，(2)は適切である。

株式会社は，何人に対しても，株主の権利の行使に関し，財産上の利益の供与をしてはならない。この場合で株主総会に出席をしても株主が質問権を行使しないと約束するような消極的なものも利益供与に該当する可能性がある。よって，(3)は適切である。

株式会社は，何人に対しても，株主の権利の行使に関し，財産上の利益の供与をしてはならない。この財産上の利益には債務免除を受けることも含まれる。よって，(4)は適切でなく，これが本問の正解である。

正解：(4)　正解率：82.91%

公式テキスト　第1編2-5「株主に対する利益提供の禁止」

問－5　株主代表訴訟

株主代表訴訟に関する記述について，適切なものは次のうちどれですか。

(1)　株主代表訴訟を提起できる株主は，株主代表訴訟の対象となる役員の不正行為等がなされたときに，当該会社の株式を保有していた株主に限られる。

(2)　株主代表訴訟は，株主が自身の不正な利益を図る目的を有していたとしても，役員に不正行為等が認められる場合には，会社に対し株主代表訴訟の提起を請求することができる。

(3)　株主代表訴訟にあたって裁判所に納付する費用は，請求する金額によって変動し，勝訴・敗訴にかかわらず，訴え提起をした株主は訴え提起時に負担した裁判所への納付費用を会社に請求することができる。

(4)　株主代表訴訟において株主が勝訴した場合，敗訴した役員は会社に対して損害賠償をしなければならない。

解答ポイント＆正解

株主代表訴訟を提起できる株主は，公開会社においては6か月（定款でこれを下回る期間を定めたときはその期間）前から引き続き当該株式会社の株式を有する株主であり，公開会社でない株式会社においては，株式の保有期間にかかわらず株式を保有する株主である。したがって，株主代表訴訟の対象となる役員の行為がなされた時点で株式を保有している必要はない。よって，(1)は適切でない。

会社法では，不当な訴訟を防止するため，株主代表訴訟が当該株主もしくは第三者の不正な利益を図り，または会社に損害を与えることを目的とする場合には請求できないとされている。よって，(2)は適切でない。

株主代表訴訟の提起にあたり，裁判所に納める手数料は，請求額の多寡にかかわらず，一律とされている。よって，(3)は適切でない。

株主代表訴訟で株主が勝訴した場合，敗訴した役員は，会社に対して損害賠償をすることになる。よって，(4)は適切であり，これが本問の正解である。

正解：(4)　正解率：60.93%

公式テキスト　第1編2-4「株主代表訴訟」

問ー6　取締役

株式会社の取締役に関する記述について，適切なものは次のうちどれですか。

(1)　株式会社と取締役との関係は，民法の委任に関する規定に従うから，会社法上明文の規定はないものの，取締役は株式会社に対して忠実義務を負う。

(2)　取締役と株式会社以外の第三者との間には委任関係はないから，取締役がその職務を行うにつき重大な過失があったときでも，当該取締役が第三者に対して責任を負うことはない。

(3)　業務執行取締役であっても責任限定契約を締結しておけば，総株主の同意がなくても責任限度額を超える損害の賠償責任を免除することができる。

(4)　善管注意義務に違反する行為を行って株式会社に損害を生じさせた取締役は，株式会社に対して損害賠償責任を負うが，当該行為を看過した取締役も連帯して損害賠償責任を負うことがありうる。

解答ポイント＆正解

株式会社と取締役との関係は，民法の委任に関する規定に従う。また，取締役は，法令および定款ならびに株主総会の決議を遵守し，株式会社のため忠実にその職務を行わなければならない，との会社法上での明文の規定があり，取締役は株式会社に対して忠実義務を負う。よって，⑴は適切でない。

取締役と株式会社以外の第三者との間には委任関係はないが，役員等がその職務を行うについて悪意または重大な過失があったときは，当該役員等は，これによって第三者に生じた損害を賠償する責任を負う。よって，⑵は適切でない。

取締役（業務執行取締役等であるものを除く），会計参与，監査役または会計監査人の株式会社に対する損害賠償責任について，これらの者が職務を行うにつき善意でかつ重大な過失がないときは，定款で定めた額の範囲内であらかじめ株式会社が定めた額と最低責任限度額とのいずれか高い額を限度とする旨の契約を非業務執行取締役等と締結することができる旨を定款で定めることができる。よって，⑶は適切でない。

取締役が，その任務を怠ったときは，株式会社に対し，これによって生じた損害を賠償する責任を負う。「任務を怠る」には，善管注意義務に違反する行為を行うことはもちろん，他の取締役の職務の執行の監督を怠ることも含まれる。役員等が株式会社または第三者に生じた損害を賠償する責任を負う場合において，他の役員等も当該損害を賠償する責任を負うときは，これらの者は，連帯債務者である。よって，⑷は適切であり，これが本問の正解である。

正解：⑷　正解率：81.43%

公式テキスト　第1編2-1「取締役・取締役会の義務と責任」

社外取締役の設置等

社外取締役の設置等に関する記述について，適切なものは次のうちどれですか。

⑴　株式会社の取締役の配偶者は，当該会社の社外取締役になることができる。

(2)　取締役会設置会社の取締役会は，社外取締役を代表取締役に選定することはできない。

(3)　大会社ではない監査役会設置会社は，1名以上の社外取締役を設置しなければならない。

(4)　総株主の過半数の同意がある場合，社外取締役の株式会社に対する責任の全部を免除することができる。

解答ポイント＆正解

当該株式会社の取締役の配偶者は，社外取締役になることはできない。よって，(1)は適切でない。

取締役会設置会社の取締役会は，社外取締役を代表取締役に選定することはできない。よって，(2)は適切であり，これが本問の正解である。

社外取締役の設置義務を負うのは，監査役会設置会社のうち，公開会社であり，かつ，大会社であるなど，会社法327条の2に定める要件を満たす会社に限られる。よって，(3)は適切でない。

取締役の会社に対する責任は，総株主の同意がある場合に免除される。社外取締役であっても，責任の全部が免除されるためには総株主の同意が必要であり，総株主の過半数の同意により責任の全部を免除することはできない。よって，(4)は適切でない。

正解：(2)　正解率：51.84%

公式テキスト　第1編2-1「取締役・取締役会の義務と責任」

問－8　監査役

監査役に関する記述について，適切でないものは次のうちどれですか。

(1)　非公開会社においては，定款で監査役の権限を会計監査に限定することができる。

(2)　親会社（監査役設置会社）の監査役は，その職務を行うため必要があるときは，子会社に対して事業の報告を求めたり，子会社の業務および財産の状況の調査をすることができる。

⑶　監査役は，取締役会に出席し，必要があるときには，意見を陳述する義務を負う。

⑷　監査役が複数選任されている会社は，公開会社，非公開会社を問わず，監査役会を設置しなければならない。

解答ポイント＆正解

非公開会社においては，定款をもって監査役の権限を会計監査に限定することができる。よって，⑴は適切である。

親会社（監査役設置会社）の監査役は，その職務を行うため必要があるときは，子会社に対して事業の報告を求めたり，子会社の業務および財産の状況の調査をすることができる。よって，⑵は適切である。

監査役は，取締役会に出席し，必要があるときは，意見を陳述する義務を負う。よって，⑶は適切である。

会社は，その規模を問わず監査役会の設置を採用することができ，監査等委員会設置会社および指名委員会等設置会社を除く大会社かつ公開会社では必要機関とされているものの，その他の会社においては必須の機関ではなく，任意に設置される機関である。よって，⑷は適切でなく，これが本問の正解である。

正解：⑷　正解率：51.13%

公式テキスト　第1編2-2「監査役・監査役会の義務と責任」

問－9　苦情・トラブルへの対応

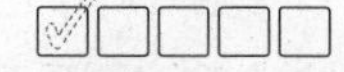

苦情・トラブルへの対応に関する記述について，適切でないものは次のうちどれですか。

⑴　苦情・トラブルが発生した場合には，所属する金融機関のルールにもとづき，適切に本部に報告しなければならない。

⑵ 苦情・トラブルへの対応にあたっては，迅速かつ誠実な対応が共通の基本であり，早期解決のためには妥協やその場しのぎの説明をすることもやむをえない。

⑶ 苦情・トラブルを発生させないためには，常日頃から各職員が各種の情報を共有していることが大切であり，そのためには風通しのよい職場風土づくりが不可欠である。

⑷ 顧客からの苦情の中には一方的な言いがかりを内容とするものもあり，苦情を受けた担当者が明らかにそのような内容だと判断できれば，毅然としてこれに対応して相手方の申し出等は謝絶するべきであるが，そういった苦情についても，所属する金融機関のルールにのっとって記録・報告することが必要である。

解答ポイント＆正解

苦情・トラブルが発生した場合には，所属する金融機関のルールにもとづき，適切に本部に報告しなければならない。よって，⑴は適切である。

苦情・トラブルへの対応にあたっては，顧客の言い分を謙虚な態度でよく聞き，横柄な態度や感情的な態度をとらず，一方的に金融機関の正当性のみを主張せず，解決を急ぐあまり，妥協やその場しのぎの説明をしない，といったことに注意する必要がある。よって，⑵は適切でなく，これが本問の正解である。

苦情・トラブルを発生させないためには，常日頃から各職員が各種の情報を共有していることが大切であり，そのためには風通しのよい職場風土づくりが不可欠である。よって，⑶は適切である。

顧客からの苦情の中には一方的な言いがかりの内容もある。しかし，そのような内容の苦情であっても，所属する金融機関のルールにのっとって記録・報告することが必要である。よって，⑷は適切である。

正解：⑵

正解率：99.42%

公式テキスト 第1編2-6「不祥事件・苦情等に対する措置」

反社会的勢力への対応

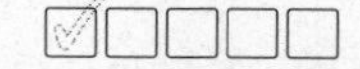

反社会的勢力への対応に関する記述について，適切でないものは次のうちどれですか。

(1) 政府指針では，反社会的勢力への対応方法として，反社会的勢力と知らずに契約関係に入った場合でも，反社会的勢力との疑いが生じた時点で，すみやかに関係を解消することとされている。

(2) 反社会的勢力との関係遮断は，銀行においては，会社法上の内部統制システムの一環ではなく，個別の顧客対応の問題として位置づけるものとされている。

(3) 政府指針では，反社会的勢力をとらえるに際しては，その団体・組織等の属性要件に着目するとともに，なされる行為要件にも着目することが重要であるとされている。

(4) 反社会的勢力との関係の弊害として，役職員の生命・身体に対する危険の発生の可能性のほか，会社の信用毀損リスクや経済的な損失の発生の可能性等が挙げられる。

解答ポイント＆正解

政府指針では，反社会的勢力への対応方法として，反社会的勢力と知らずに契約関係に入った場合でも，反社会的勢力との疑いが生じた時点で，すみやかに関係を解消することが求められている。よって，(1)は適切である。

銀行においては，反社会的勢力との関係遮断につき，会社法上の内部統制システムの一環として位置づけるものとされている。よって，(2)は適切でなく，これが本問の正解である。

政府指針では，「反社会的勢力をとらえるに際しては，暴力団，暴力団関係企業，総会屋，社会運動標ぼうゴロ，政治活動標ぼうゴロ，特殊知能暴力集団等といった属性要件に着目するとともに，暴力的な要求行為，法的な責任を超えた不当な要求といった行為要件にも着目することが重要である」とされている。よって，(3)は適切である。

反社会的勢力との関係の弊害として，役職員の生命・身体に対する危険の発生の可能性のほか，会社の信用毀損リスクや経済的な損失の発生の可能性等が挙げられる。よって，⑷は適切である。

正解：⑵　**正解率：94.39%**

公式テキスト　**第1編2-7「反社会的勢力との関係遮断」**

金融取引とコンプライアンス

問ー11 善管注意義務

善管注意義務に関する記述について，適切でないものは次のうちどれですか。

(1) 善管注意義務は通常，その職業，その属する社会的・経済的地位などにおいて一般的に要求される注意義務と解される。

(2) 善管注意義務は，自己の財産に対するのと同一の注意義務よりも重い義務である。

(3) 金融機関が顧客に対して行うファイナンシャル・プランナー業務は，それ自体によって資金が動くものではないので，善管注意義務は問題とはならない。

(4) 約束手形の不渡事由の不渡情報登録に対する異議申立てについて，振出人から依頼を受けて金融機関が受任した場合，当該金融機関は善管注意義務を負う。

解答ポイント＆正解

善管注意義務は通常，その職業，その属する社会的・経済的地位などにおいて一般的に要求される注意義務と解されている。よって，(1)は適切である。

自己の財産に対するのと同一の注意義務とは，無償で他人物の寄託を受けた者が当該物に対して負担する義務であり，善管注意義務よりも軽い義務である。よって，(2)は適切である。

金融機関が顧客に対して行うファイナンシャル・プランナー業務は，顧客の資産の運用等に関して専門的知識を駆使する業務であり，善管注意義務を負う。よって，(3)は適切でなく，これが本問の正解である。

約束手形の不渡事由の不渡情報登録に対する異議申立てについて，振出人から依頼を受けて金融機関が受任した場合，当該金融機関は善管注意義務を負う。よって，(4)は適切である。

正解：(3)　正解率：93.10%

公式テキスト　第2編3-4「善管注意義務」

問－12　守秘義務

守秘義務に関する記述について，適切なものは次のうちどれですか。

(1)　個人信用情報機関への一定範囲の顧客情報の登録については，顧客の承諾があれば，金融機関の守秘義務は免除される。

(2)　金融機関が子会社に対して顧客情報を提供する場合，自己の100%子会社であれば，金融機関の守秘義務は免除される。

(3)　弁護士会から金融機関に対して顧客情報に関する照会請求がなされた場合，判例では金融機関に報告義務はないとされている。

(4)　配偶者の一方から，他方の配偶者の預金取引内容の照会があった場合，これに回答するときは守秘義務が免除される。

解答ポイント＆正解

金融機関は，顧客との取引およびこれに関連して知り得た顧客の情報を正当な理由なく，第三者に開示してはならないという守秘義務を負っているが，顧客が情報開示を承諾した場合には守秘義務は免除される。そのため，第三者に該当する個人信用情報機関への一定範囲の顧客情報の登録についても，顧客の承諾があれば守秘義務は免除される。よって，(1)は適切であり，これが本問の正解である。

金融機関の100%子会社であっても，別の法人格を有する第三者である。そして，100%子会社ということだけでは，それに対して顧客情報を提供することには正当な理由があるとはいえないので，金融機関の守秘義務は免除されない。よって，(2)は適切でない。

弁護士会からの照会請求に関して，最高裁平成28年10月18日判決によれば，正当な理由がない限り，金融機関には報告義務があるとされている。よって，(3)は適切でない。

配偶者の一方から，他方の配偶者の預金取引内容の照会がなされた場合に回答することについて，守秘義務は免除されない。よって，(4)は適切でない。

正解：(1)　正解率：80.46%

(公式テキスト) 第2編3-5「守秘義務」

問－13 権利の濫用

権利の濫用に関する記述について，適切なものは次のうちどれですか。

(1) 権利の濫用の禁止とは，権利がある場合であってもその行使が公正・正義に反するときは，権利行使を許さないという判例理論であって，法律の条文上の根拠はない。

(2) 根抵当権の実行により手形割引の依頼人に対する買戻請求権を回収できることが明らかであるにもかかわらず，買戻請求権と手形割引依頼人の預金債権を相殺することは，権利の濫用に該当する。

(3) 僚店にある融資先の預金に対して差押えがあった場合に，当該融資先に対する融資債権と当該被差押預金債権とを相殺することは，権利の濫用に該当しない。

(4) 年金受給権は差押えが禁止されているので，金融機関が融資債権を回収するために，年金が振り込まれた預金口座に係る預金債権を受働債権として相殺することは，権利の濫用に該当する。

解答ポイント＆正解

権利の濫用の禁止とは，権利がある場合であってもその行使が公正・正義に反するときは，権利行使を許さないということであり，民法１条３項に

「権利の濫用は，これを許さない」と規定されている。よって，⑴は適切でない。

金融機関が保有する根抵当権の対象不動産の価額が手形買戻請求権を上回っていれば，金融機関は根抵当権を実行することによって手形買戻請求権を回収できる蓋然性は高いといえる。しかし，そもそも競落価額は時価を下回ることが多いうえ，根抵当権の実行には時間がかかり，その間に対象不動産の時価が下落するリスクもある。これに対して，相殺は，相手方に対する意思表示によって簡易・迅速になしうる回収手段であり，金融機関が根抵当権を有する場合でも相殺による回収を図るのは当然であり，権利の濫用に該当しない。よって，⑵は適切でない。

融資先の預金に対して差押えがあった場合，当該融資先は融資債権について期限の利益を喪失する。僚店にある預金も当該金融機関に対する債権であることに変わりはないから，当該金融機関は，当該融資債権を自働債権とし，融資取扱店の預金債権だけでなく当該僚店の被差押預金債権を受働債権として相殺することができる。よって，⑶は適切であり，これが本問の正解である。

年金受給権は，受給者の生活の保障を実質的に確保するために，差押えが禁止されている。そこで，年金が振り込まれた預金口座が差押禁止の属性を有するか否か，また，年金の受取口座の取扱金融機関が受給者に対して債権を有する場合に，その相殺が可能か否かが問題となる。判例は，給付金が受給者の預金口座に振り込まれると，それは受給者の預金債権に転化し，受給者の一般財産になるから，当該預金債権は原則として差押等禁止債権としての属性を承継せず，したがって，これを受働債権とする相殺は許されないとはいえないとしている。よって，⑷は適切でない。

正解：⑶　**正解率：37.46%**

公式テキスト　**第2編3-2「権利濫用の禁止・公序良俗違反」**

問ー14　公序良俗違反

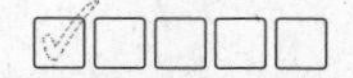

公序良俗違反に関する記述について，適切なものは次のうちどれですか。

(1)　融資した資金がいわゆるヤミ金融業者に転貸されることを知らないで金融機関が融資した場合，当該融資は公序良俗に違反し無効である。

(2)　融資した資金が公序良俗に違反する使途に使用されることを知って融資をした場合，融資契約は無効であるから，原則として，不当利得にもとづく返還請求をすることができる。

(3)　抵当権の被担保債権の発生原因である融資契約が公序良俗に反し無効であることを抵当権設定者が知っていた場合でも，当該抵当権は無効である。

(4)　導入預金の受入れは法令に違反し当事者は刑事上の制裁を受けるから，私法上の預金契約も公序良俗に違反し無効となる。

解答ポイント＆正解

ヤミ金融業者とは，違法な高金利を取って営業をしたり違法な取立てを行ったりする悪質な金融業者である。しかし，違法な目的に使用されることを知らないで融資をした場合は，当該融資自体は公序良俗に反するとはいえず，有効である。よって，(1)は適切でない。

公序良俗に違反する使途に使用されることを知って締結された融資契約は無効であり，金融機関は，融資契約にもとづく金銭の返還請求はできないが，融資金相当額の不当利得の返還請求権を取得する。ただし，この融資金相当額（不当利得）は不法な原因のための給付であり，このような給付をした者の救済に手を貸すのは適当ではないため，その融資金相当額（不法原因給付）の返還請求は原則としてできない。よって，(2)は適切でない。

抵当権の被担保債権の発生原因である融資契約が公序良俗に反し無効である場合には，抵当権設定者がそのことを知っているか否かにかかわらず，担保物権の付従性により，当該抵当権も無効になる。よって，⑶は適切であり，これが本問の正解である。

導入預金は，預金等に係る不当契約の取締に関する法律により禁止されており，これに違反した場合には刑罰が科される。しかし，民事上は，導入預金に関わる預金契約は有効であり，金融機関は，預金者からの払戻請求を拒むことはできない。よって，⑷は適切でない。

正解：⑶ 正解率：45.91％

公式テキスト 第2編3-2「権利濫用の禁止・公序良俗違反」

問－15 融資契約

融資契約に関する記述について，適切でないものは次のうちどれですか。

⑴ 金融機関が為替リスクを伴う融資について，十分な説明なく取り扱った結果により，債務者に為替差損等の損害が生じた場合，金融機関は説明義務違反の責任を問われるおそれがある。

⑵ 書面でする金銭消費貸借契約の効力が生じた場合，金融機関および借主は，一方的に当該契約を解除することはできなくなる。

⑶ 金融機関が融資証明書を発行して融資の約束をしたが，その後，一方的に融資の約束を破棄した場合は，不法行為責任を負う可能性がある。

⑷ 金融機関が，融資案件の内部稟議の結果，申込金額の一部について融資を承諾する旨を顧客に通知したときは，当初の申込を拒絶するとともに新たな申込をしたものとみなされる。

解答ポイント＆正解

金融機関が，為替リスクを伴う融資について，為替リスクの内容やそのリスクヘッジの方法等の説明を怠り融資した結果，債務者が為替差損等の損害を被った場合は，金融機関は説明義務違反の責任を問われるおそれがある。

よって，(1)は適切である。

書面でする金銭消費貸借契約の効力が生じたとしても，借主は，金融機関から金銭を受け取る前であれば，契約を解除することができる。よって，(2)は適切でなく，これが本問の正解である。

金融機関が融資証明書を発行して融資の約束をしたが，その後，一方的に融資の約束を破棄した場合は，不法行為責任を負う可能性がある。よって，(3)は適切である。

金融機関が，融資案件の内部稟議の結果，申込金額の一部について融資を承諾する旨を顧客に通知したときは，当初の申込を拒絶するとともに新たな申込をしたものとみなされる。よって，(4)は適切である。

正解：(2)

正解率：57.83%

公式テキスト 第2編3-1「貸手責任・信義誠実の原則」

使用者責任

使用者責任に関する記述について，適切なものは次のうちどれですか。

(1) 自家用車を使用して通勤している職員が，通勤途上で交通事故を起こした場合，勤務先の金融機関は被害者に対して使用者責任を負うことはない。

(2) 金融機関の職員が取得を勧誘した未公開株式の発行会社が倒産して投資者に損害が生じた場合，金融機関が使用者責任を負うことはない。

(3) 金融機関がその職員の行為に関して使用者責任を負う場合でも，第一義的には加害者である職員が責任を負うべきであるから，金融機関は被害者に対して，まず加害者である職員に対して損害賠償を請求するよう求めることができる。

(4) 使用者である金融機関は，被用者である職員の選任およびその事業の監督について相当の注意をしたことを立証できれば，使用者責任を負わない。

解答ポイント＆正解

使用者責任は，被用者が「事業の執行について」第三者に損害を加えたときに成立するが，「事業の執行について」とは，「被用者の職務執行行為そのものには属しないが，その行為の外形から観察して，あたかも被用者の職務の範囲内の行為に属するものとみられる場合をも包含する」ものと解されている。そして，「事業の執行」とは，取引行為に限られず，業務執行過程で生じた交通事故や暴行等の事実行為も含まれると広く解釈されている。金融機関の職員が自家用車を運転する行為は，原則として，プライベートな行為であり，事業の執行とは無関係である。しかし，自家用車の運転が通勤のためであるなどの事情がある場合には，金融機関の職員が自家用車を運転する行為も「事業の執行」に該当する可能性がある。よって，⑴は適切でない。

金融機関は，株式取得の勧誘などをすることはできないから，当該職員の行為は金融機関における職務執行には該当しない。しかし，外形的には職務の範囲内の行為に属するとみられるから，金融機関が使用者責任を負う可能性がある。よって，⑵は適切でない。

被用者の不法行為責任と使用者責任とは，被害者保護の観点から，いわゆる不真正連帯債務関係にある。債権者は，使用者・被用者のいずれに対しても請求することができる。よって，⑶は適切でない。

使用者は，被用者の選任およびその事業の監督について相当の注意をしたとき，使用者責任を免責される。よって，⑷は適切であり，これが本問の正解である。

正解：⑷　正解率：65.38%

公式テキスト　第2編3-6「使用者責任」

問一17　相続

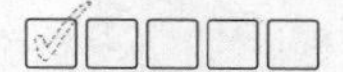

相続に関する記述について，適切でないものは次のうちどれですか。

⑴　預金者の死亡の事実が確認された場合，金融機関はただちに預金の入出金停止の措置をとる必要がある。

⑵　相続人から法定相続情報証明制度にもとづく法定相続情報一覧図（写し）を受け入れた場合には，相続人の範囲を確定するための，被相続人の出生から死亡までの連続した戸籍謄本等をあらためて受け入れる必要はない。

⑶　兄弟姉妹に遺留分は認められない。

⑷　自筆証書遺言書保管制度を利用していた場合でも，相続発生後の家庭裁判所の検認手続が必要である。

解答ポイント＆正解

預金者の死亡の事実が確認された場合，金融機関はただちに預金の入出金停止の措置をとる必要がある。よって，⑴は適切である。

法定相続情報証明制度にもとづく法定相続情報一覧図（写し）があれば，これにより相続関係を証明することができる。したがって，法定相続情報一覧図（写し）を受け入れた場合は，被相続人の出生から死亡までの連続した戸籍謄本等をあらためて確認する必要はない。よって，⑵は適切である。

兄弟姉妹には，遺留分は認められない。よって，⑶は適切である。

自筆証書遺言書保管制度を利用していた場合は，相続発生後の家庭裁判所の検認手続は不要である。よって，⑷は適切でなく，これが本問の正解である。

正解：⑷　正解率：74.34%

取引約款

取引約款に関する記述について，適切でないものは次のうちどれですか。

(1) 民法上の定型約款に該当するものとしては，金融機関の預金規定やカードローン規定，保険約款などがある。

(2) 顧客が預金口座の申込書に記載された「所定の預金規定を承認して口座を開設する」等の文言に同意のうえ申込をして預金口座が開設されたとしても，預金規定の条項については個別の合意が必要となる。

(3) 預金取引約款に暴力団排除条項が追加された場合，同条項が追加される前に締結された預金契約に対しても，同条項が適用される。

(4) 総合口座取引規定ひな型は，取引先につき相続が開始したときは，金融機関からの請求がなくても，貸越元利金等を支払うべき旨を定めている。

解答ポイント＆正解

民法上の定型約款に該当するものとしては，金融機関の預金規定やカードローン規定，保険約款などがある。よって，(1)は適切である。

顧客が預金口座の申込書に記載された「所定の預金規定を承認して口座を開設する」等の文言に同意して申込をし，預金口座が開設されたときは，預金規定の個別の条項についても合意したものとみなされる。よって，(2)は適切でなく，これが本問の正解である。

預金取引約款に暴力団排除条項が追加された場合，同条項が追加される前に締結された預金契約に対しても，同条項が適用される。よって，(3)は適切である。

総合口座取引規定ひな型は，取引先につき相続が開始したときは，金融機関からの請求がなくても，貸越元利金等を支払うべき旨を定めている。よって，(4)は適切である。

正解：(2)　正解率：77.82%

問ー19　情実融資

情実融資に関する記述について，適切なものの組合せは次のうちどれですか。

(a)　親密な関係のある取引先からの融資申込に対して，これを実行することは，当該取引先の返済能力に問題がなく，融資基準をとくに甘く判断するような事情がなかったとしても，情実融資に該当する。

(b)　情実融資により金融機関に損害が生じた場合，当該行為を行った役職員は，背任罪または特別背任罪の刑事責任を問われる可能性がある。

(c)　情実融資により金融機関に損害が生じた場合，当該行為を行った役職員には民事上の不法行為責任が発生し，金融機関に対する損害賠償義務が生ずる可能性がある。

(d)　取引先から接待を受けた金融機関の担当者が，当該取引先から融資の申込を受け，融資が実行された場合，当該接待の事実があるだけで，当該融資は情実融資に該当する。

(1)　(a)，(b)
(2)　(b)，(c)
(3)　(c)，(d)
(4)　(a)，(d)

解答ポイント＆正解

情実融資とは，本来であれば償還能力等に問題があって融資できないような案件について，取引先から接待等を受け，金融機関の担当者等が取引先と個人的に親密な関係が生じたため，融資基準を甘くして融資することをいい，取引先と親密な関係があるだけで情実融資となるものではない。よって，(a)は適切でない。

情実融資により金融機関に損害を与えた場合，当該行為を行った役職員には，刑事責任として，背任罪または特別背任罪が問われる余地がある。よって，(b)は適切である。

情実融資は不法行為にあたる余地があり，情実融資により金融機関に損害を与えた役職員には，金融機関に対して損害賠償責任が生じる可能性がある。よって，(c)は適切である。

本来であれば償還能力等に問題があって融資できないような案件につき，問題があることを承知のうえで，融資基準を甘くして融資することが情実融資であり，接待の事実があるだけで情実融資に該当するものではない。よって，(d)は適切でない。

以上より，(2)が本問の正解である。

正解：(2)　**正解率：85.88%**

(公式テキスト) **第2編5-2「贈収賄罪」**

仮装払込

仮装払込に関する記述について，適切なものの組合せは次のうちどれですか。

(a)　会社法は，仮装払込を防止するために，株式会社の設立と新株発行に際して，払込取扱機関を金融機関または会社の本店所在地を管轄する法務局に制限している。

(b)　払込取扱金融機関は株式払込金保管証明書を発行した以上，その払込がなかったこと，または，払い込まれた金銭の返還に関する制限があることをもって，会社に対抗することができない。

(c)　会社法は，出資の履行を確保するため，株式会社の設立および新株発行について，預合いを刑罰をもって禁止している。

(d)　増資の際，出資金の払込があったことを証する書面を発行した払込取扱金融機関は，保管証明責任を負担する。

(1)　(a)，(b)
(2)　(b)，(c)
(3)　(c)，(d)
(4)　(a)，(d)

解答ポイント＆正解

法務局は払込取扱機関とはされていない。よって，(a)は適切でない。

払込取扱金融機関は株式払込金保管証明書を発行した以上，その払込がなかったこと，または，払い込まれた金銭の返還に関する制限があることをもって，会社に対抗することができない。よって，(b)は適切である。

会社法は，出資の履行を確保するため，株式会社の設立および新株発行について，預合いを刑罰をもって禁止している。よって，(c)は適切である。

増資の場合，株式の払込は，発起人等の定めた銀行等，法定の払込取扱金融機関によることを要するものの，保管証明制度の定めはなく，払込取扱金融機関の「払込があったことを証する書面」を添付することによって，増資の登記申請ができる。そして，払込があったことを証する書面を発行しても，発行金融機関は保管証明責任を負担しない。よって，(d)は適切でない。

以上より，(2)が本問の正解である。

正解：(2)　正解率：44.23%

公式テキスト　第2編4-1「仮装払込」

問－21　利益相反取引

利益相反取引に関する記述について，適切なものは次のうちどれですか。

(1)　A株式会社の取締役Xが，A社の100％子会社であるB株式会社の唯一の代表取締役である場合，Ｂ社の借入れについてＡ社が保証をすることは利益相反取引に該当する。

(2)　Ｃ金融機関の取締役Ｙが，Ｃ金融機関に対して優遇金利で大口定期預金を預け入れることは，その優遇金利が一般の顧客と同一の基準にもとづくものである場合には，利益相反取引にならない。

(3)　取締役が会社に対して，無利息・無担保で金銭を貸し付ける行為，および会社が取締役に対して無利息・無担保で金銭を貸し付ける行為は，いずれも利益相反取引に該当しない。

(4)　取締役会設置会社ではない株式会社における利益相反取引の承認は，株主総会の特別決議をもって行われなければならない。

解答ポイント＆正解

Ａ社の取締役Ｘが，Ａ社の100％子会社であるＢ社の唯一の代表取締役である場合，Ａ社とＢ社との間に利益相反を観念することはできないので，Ｂ社の借入れについてＡ社が保証することは，利益相反取引には該当しない。よって，(1)は適切でない。

金融機関の取締役が，当該金融機関に対して優遇金利で大口定期預金を預け入れることは，その優遇金利が一般の顧客と同一の基準にもとづくものである場合には，利益相反取引にはならない。よって，(2)は適切であり，これが本問の正解である。

取締役が当事者として会社と取引する場合，取締役が会社の利益を犠牲にして，自己または第三者の利益を図るような行為を行うことを制限する趣旨から，原則として株主総会（取締役会設置会社では取締役会）の承認が必要であるが，本問のように取締役が会社に対して無利息・無担保で金銭を貸し付ける行為は，会社にとって不利益な取引ではないので，利益相反取引には該当しない。他方，会社が無利息・無担保で取締役に金銭を貸し付ける行為は，会社にとって不利益な取引であるから，利益相反取引に該当する。よって，(3)は適切でない。

取締役会設置会社ではない株式会社では，利益相反取引の承認は株主総会の決議により行うが，この承認は特別決議の対象となっていない。よって，⑷は適切でない。

正解：⑵　正解率：66.80%

(公式テキスト) **第1編2-1「取締役・取締役会の義務と責任」**

問－22　手形・小切手

手形・小切手に関する記述について，適切なものは次のうちどれですか。

⑴　約束手形の裏書欄に裏書人の記名捺印があっても，裏書人の住所の記載がなければ，裏書の効力は認められない。

⑵　小切手の支払人である金融機関は，振出人に対しては支払委託契約上の義務を負うが，小切手の所持人に対して小切手法上の支払義務を負うことはない。

⑶　裏判がある線引小切手について，当座勘定規定に従い持参人（未取引先）に支払った金融機関は，小切手法上の損害賠償責任を問われることはない。

⑷　受取人欄が白地の約束手形を取り立てて不渡返還された場合，取立依頼人は，当該白地を補充すれば裏書人に対して遡求権の行使ができる。

解答ポイント＆正解

約束手形の裏書欄に裏書人の記名捺印があれば，裏書日や裏書人の住所，被裏書人欄の記載がなくても，裏書の効力が認められる。よって，⑴は適切でない。

小切手の支払人である金融機関は，振出人に対しては支払委託契約上の義務を負うが，小切手の所持人に対して小切手法上の義務を負うことはない。よって，⑵は適切であり，これが本問の正解である。

裏判がある線引小切手について，当座勘定規定に従い持参人（未取引先）

に支払った金融機関は，小切手法に違反したことになり，損害賠償責任を問われるおそれがある。よって，⑶は適切でない。

受取人欄が白地の約束手形による支払呈示は無効であり，支払呈示後に白地を補充しても，呈示の時にさかのぼって有効とはならない。よって，⑷は適切でない。

正解：⑵ 正解率：63.38%

公式テキスト 第2編4-4「手形・小切手」

文書偽造

文書偽造に関する記述について，適切なものは次のうちどれですか。

⑴　弁護士ではないＡが，同姓同名の弁護士が実在することを知って，「弁護士Ａ」という肩書付きの名義で普通預金口座開設申込書に署名押印した場合，Ａの姓名が記載されていても，私文書偽造罪が成立する。

⑵　すでに死亡した人の名義でローンの借入契約書を作成した場合には，その文書により権利義務が帰属する者が存在しないから，私文書偽造罪は成立しない。

⑶　Ｘ金融機関Ｙ支店所在地の町内会長が，秋季運動会を主催するにあたり，町内会の掲示板に貼付するため，当該金融機関の承諾を得ないまま，「後援：Ｘ金融機関Ｙ支店」と記載したポスターを作成した場合，私文書偽造罪が成立する。

⑷　Ｂがローン申込のために，優良企業であるＣ株式会社の従業員Ｄから社員証を借り，その社員証の「Ｄ」の表示の上に「Ｂ」の文字を記載した付箋を貼り，そのコピーをとってＢ名義の社員証のコピーを作成した場合，作成されたのはコピーであるから，Ｂに私文書偽造罪は成立しない。

解答ポイント＆正解

私文書偽造の本質は，文書の名義人と作成者との間の人格の同一性を偽る点にある。たとえ名義人の氏名がＡの氏名と同一であったとしても，文書が弁護士としての業務に関連して弁護士資格を有する者が作成した形式・内容のものである以上，名義人と作成者の人格の同一性に齟齬を生じさせたといえるから，私文書偽造罪が成立する。よって，(1)は適切であり，これが本問の正解である。

私文書偽造罪の保護法益は，文書に対する公共の信用であるが，すでに死亡した人であっても，文書に対する公共の信用は害される。したがって，権限がないにもかかわらず，死亡した人の名義の文書を作成することも，「偽造」に該当する。そして，借入契約書が権利義務に関する文書であることは，言うまでもない。よって，(2)は適切でない。

秋季運動会のポスターは，権利義務に関する文書でも，事実証明に関する文書でもないから，私文書偽造罪の対象になる文書ではない。よって，(3)は適切でない。

私文書偽造罪にいう「文書」とは原本に限らず，コピーもまた偽造罪の対象となる文書性を有する。公文書偽造罪に関するものであるが，判例は，「たとえ原本の写であっても，原本と同一の意識内容を保有し，証明文書としてこれと同様の社会的機能と信用性を有するものと認められる限り，これに含まれるものと解するのが相当である。…（略）…写真コピーは，写ではあるが，複写した者の意識が介在する余地のない，機械的に正確な複写版であって，…（略）…原本と同程度の社会的機能と信用性を有するものとされている場合が多い」としている。そして，株式会社が発行する社員証は，被用者の在籍などの「事実証明」に関するものである。また，他人の名義を手書きするのではなく，付箋を貼るなどの手段によって，他人名義の社員証のコピーを作出する行為も，「偽造」に該当する。よって，(4)は適切でない。

正解：(1)　正解率：78.47%

公式テキスト　第2編5-1「文書偽造等」

問−24　業務上横領罪

金融機関職員の次の行為のうち，業務上横領罪が成立するものはどれですか。

(1)　得意先係が，顧客宅を往訪した帰りに，公道上に他人の財布が落ちているのを見つけ，この財布を持ち去った。

(2)　融資係が，正当な権限なく別段預金口座を開設して密かにみずから管理し，顧客に対し融資の返済金をこの口座に振り込ませたうえ，当該口座から自己の預金口座に同額を振替入金した。

(3)　得意先係が，顧客から預かっていた預金通帳と印章を悪用して，顧客名義の払戻請求書を作成して僚店で現金を引き出して，自己の預金口座に入金した。

(4)　支店長が，高額預金者の住所録を他の金融機関に不正に売却しようと考え，当該住所録を自己のキャビネットから社外に持ち出してコンビニエンスストアでコピーし，自己のキャビネットに戻した。

解答ポイント＆正解

得意先係は，公道について何ら管理権限を有しておらず，公道上に落ちていた他人の財布を占有しているはずもない。よって，(1)の行為について，業務上横領罪は成立しない。

(2)の別段預金口座は，融資係が正当な権限なく開設して密かにみずから管理していたのであるから，融資係にとって，当該口座にある預金は，「自己が占有する他人の物」ではなく，「自己の物」といえるから，当該口座から自己の預金口座への振替について横領罪は成立しない。よって，(2)の行為について，業務上横領罪は成立しない。

得意先係は，顧客から払戻請求書を預かっていないから，金銭について法律上の占有があるとまではいえない。権限がないにもかかわらず，顧客名義の払戻請求書を作成した行為について，私文書偽造罪が成立する。この払戻請求書を僚店で示して本人と誤信させて金銭の交付を受けた行為については，偽造私文書等行使罪および詐欺罪が成立する。よって，(3)の行為について，業務上横領罪は成立しない。

高額預金者の住所録は，金融機関の財産であるから，支店長にとって他人の物といえる。支店長は，自己のキャビネットに当該住所録を保管しているから，当該住所録を占有しており，かつ，その占有は業務上といえる。そして，当該住所録をコンビニエンスストアでコピーするために社外に持ち出す行為は，自己の物のように処分する行為と同視することができ，「横領」に該当する。よって，(4)の行為について，業務上横領罪が成立し，これが本問の正解である。

正解：(4)

正解率：46.10%

公式テキスト **第2編5-5「横領罪」**

問－25 背任罪

金融機関職員の背任罪に関する記述について，適切なものは次のうちどれですか。

(1) 金融機関の職員が融資先の依頼により回収見込みのない融資を行った場合，融資を行った職員の金融機関に対する背任行為が問題となることはあっても，融資先が刑事責任を問われることはない。

(2) 金融機関の職員が回収の見込みのない融資を行ったところ，返済期限経過後に宝くじに当選して資金ができた融資先が弁済してきた場合，偶然に弁済できたにすぎないとしても，結果的に金融機関には財産上の損害は認められないから背任罪が成立する余地はない。

(3) 回収に不安のない健全な取引先に対して，融資時に万全と考えられる債権保全措置をとったうえで融資を実行していた場合には，結果的に融資の回収が困難となり不良債権になったとしても，背任罪は成立しない。

(4) 金融機関の職員が行った融資に加害目的があったとして背任罪が成立するためには，当該融資により金融機関に経済的損失を加える目的だけではなく，これに加えて金融機関の信用を失墜させる目的まであることが必要である。

解答ポイント＆正解

背任罪は「他人のためにその事務を処理する者」が犯罪主体となる「身分犯」であるが，そのような地位にない者（身分のない者）も犯罪行為に加担した場合には共犯者となりうる。融資先の依頼により背任行為にあたるような不正融資が行われた場合，依頼した融資先も背任罪の共同正犯たりうるとするのが判例である。よって，⑴は適切でない。

融資の当時から返済される見込みがないような場合には，当該融資は経済的見地からすると金融機関の財産の価値を減少させるものといえ，財産上の損害の発生が認められる。そのため，融資先が宝くじに当選し，事後的に弁済できたとしても，融資時点で背任罪が成立する可能性がある。よって，⑵は適切でない。

背任罪は故意犯であるから，たとえ過失があっても処罰対象とはならない。自己の任務違背行為により会社に損害が生じる結果の容認，つまり故意が必要である。そのため，健全な取引先に対して，融資時において万全と考えられる債権保全措置をとって融資を実行していた場合には，結果的に融資が回収できなくなって不良債権となったとしても，背任罪は成立しない。よって，⑶は適切であり，これが本問の正解である。

加害目的の内容は財産的加害に限られず，本人の信用・面目を失墜させるような場合も含むと解されている。したがって，金融機関に経済的損失を加える目的，または金融機関の信用を失墜させる目的のいずれかがあれば足り，その両方が必要ということではない。よって，⑷は適切でない。

正解：⑶　正解率：86.14％

（公式テキスト）第2編4-2「特別背任罪（背任罪）」

詐欺罪および電子計算機使用詐欺罪

詐欺罪および電子計算機使用詐欺罪に関する記述について，適切なものの組合せは次のうちどれですか。

(a)　Aが，不正に入手したBのキャッシュカードを用いて金融機関のATMでBの口座から預金を引き出したときは，Aには，電子計算機使用詐欺罪が成立する。

(b)　預金通帳と印章を窃取した者が，それらを利用して窓口で預金を引き出そうとした場合，窃盗罪が成立する。

(c)　Cが，預金通帳を第三者に譲渡するため，そのような意図を金融機関の窓口係員に隠したまま，自己名義の預金口座の開設を申し込み，これによって預金通帳の交付を受けた場合には，C本人による自己名義の口座開設であったとしても，詐欺罪が成立する。

(d)　金融機関の職員が元帳ファイルの預金残高のデータを不正入力して，知人の預金残高を増やし，当該知人に利得させた場合，当該職員には，当該金融機関に対する電子計算機使用詐欺罪が成立する。

(1)　(a)，(b)

(2)　(b)，(c)

(3)　(c)，(d)

(4)　(a)，(d)

解答ポイント＆正解

不正に入手したキャッシュカードを用いて金融機関のATMで口座から預金を引き出した場合，「他人の財物を窃取した」といえるから窃盗罪が成立するが，ATMに「虚偽の情報」や「不正な指令」を与えたわけではないので，電子計算機使用詐欺罪は成立しない。よって，(a)は適切でない。

預金通帳と印章を窃取して，これを利用して自分が正当な預金者であると装って，金融機関の窓口担当職員を欺罔し，それによって真実の預金者であると誤信した窓口担当職員から現金の交付を受けるというものであるから，窃盗罪ではなく詐欺罪が成立する。よって，(b)は適切でない。

自己の名義であっても，預金通帳を第三者に譲渡することは許されず，第三者に譲渡する目的で預金口座を開設することも許されない。そのため，預金通帳を第三者に譲渡する意図を隠して預金口座の開設を申し込み（欺罔行為），預金通帳（財物）の交付を受けた場合には，詐欺罪が成立する。よって，(c)は適切である。

元帳ファイルのデータを不正入力して，知人の預金残高を増やして利得させる行為は，電子計算機に虚偽の情報もしくは不正な指令を与えて財産権の得喪もしくは変更に係る不実の電磁的記録を作り，他人に財産上不法の利益を得させる行為であるから，電子計算機使用詐欺罪に該当し，同罪が成立する。よって，(d)は適切である。

以上より，(3)が本問の正解である。

正解：(3)

正解率：54.80%

（公式テキスト）**第2編5-4「詐欺罪・窃盗罪」**

問－27　公正証書原本不実記載罪

公正証書原本不実記載罪（電磁的公正証書原本不実記録罪を含む）に関する記述について，適切でないものは次のうちどれですか。

(1)　金融機関の担当者が，不動産の担保取得に際し，過去の所有権移転について中間省略登記をさせたうえで，担保権設定登記を受けた場合，公正証書原本不実記載罪が成立する。

(2)　不動産の現在の所有者が，贈与により不動産を取得したにもかかわらず，不動産の取得原因を売買と偽った登記申請を行い，そのように登記された場合には公正証書原本不実記載罪が成立する。

(3)　登記上の所有名義人は甲だが，真実の所有者は乙である不動産について，乙が甲の承諾を得ずに，甲から乙に売却した旨の売渡証書を作成して，乙に所有権移転を受けた旨の登記申請をし，そのような登記がされた場合には，公正証書原本不実記載罪が成立する。

(4)　実在しない人の名義で普通預金口座開設申込書に署名押印した場合には，公正証書原本不実記載罪は成立しない。

解答ポイント＆正解

所有権移転に関する中間省略登記は判例上認められており，公正証書原本不実記載罪は成立しない。したがって，(1)は適切でなく，これが本問の正解である。

不動産登記における取得原因は不動産の権利義務関係に影響を与えるので，現在の所有者が一致していても，取得原因を偽った登記申請を行い，そのような登記がされた場合には，公正証書原本不実記載罪が成立する。よって，(2)は適切である。

真実の所有者からの所有権移転登記申請であっても，現在の登記名義人の承諾を得ることなく行われている以上，「公務員に対し虚偽の申立てをして」，売買による所有権移転という「不実の記載」をさせているので，公正証書原本不実記載罪が成立する。よって，(3)は適切である。

公正証書原本不実記載罪は，①公務員に対し虚偽の申立てをして，②登記簿や戸籍簿のような権利義務に関する公正証書の原本に不実の記載をさせること，または公正証書の原本として用いられる電磁的記録に不実の記録をさせることで成立する犯罪である。(4)の行為は，私文書偽造罪が成立することはあっても，公正証書原本不実記載罪は成立しない。よって，(4)は適切である。

正解：(1)　正解率：55.51%

公式テキスト　第2編5-1「文書偽造等」

問-28 カルテル

カルテルに関する記述について，適切でないものは次のうちどれですか。

(1) 複数の事業者が一般的な市場動向について意見交換を行っても，カルテルは成立する。

(2) カルテルは，事業者が「共同して」行うものであり，事業者間に「意思の連絡」があることが要件となるが，この「意思の連絡」は明示的な合意のみならず，黙示の合意も含まれる。

(3) カルテルを実施した事業者は，それによって損害を被った事業者から損害賠償請求を受けることがあるが，この場合，事業者は故意または過失がなかったことを証明しても責任を免れることはできない。

(4) カルテルを行った事業者に対しては，カルテルを排除する命令だけでなく，課徴金を納付するよう命じられることがある。

解答ポイント＆正解

複数の事業者が一般的な市場動向について意見交換を行っても，カルテルは成立しない。よって，(1)は適切でなく，これが本問の正解である。

カルテルは，事業者が「共同して」行うものであり，事業者間に「意思の連絡」があることが要件となるが，この「意思の連絡」は明示的な合意のみならず，黙示の合意も含まれる。よって，(2)は適切である。

カルテルを実施した事業者は，それによって損害を被った事業者から損害賠償請求を受けることがあるが，この損害賠償責任について独占禁止法は，事業者が自己に故意または過失がなかったことを証明しても責任を免れることができないこととし，事業者に無過失責任を負わせている。よって，(3)は適切である。

カルテルを行った事業者に対しては，カルテルを排除する命令だけでなく，課徴金を納付するよう命じられることがある。よって，(4)は適切である。

正解：(1)　正解率：73.50%

公式テキスト　第2編6-3「カルテル」

問－29　優越的地位の濫用

優越的地位の濫用に関する記述について，適切なものは次のうちどれですか。

(1) 取引の一方当事者が他方当事者に対し取引上の地位が優越しているというためには，市場支配的な地位や，少なくともそれに準ずる絶対的に優越した地位である必要がある。

(2) 優越的地位の濫用として問題となる行為とは，正常な商慣習に照らして不当に行われるものであるから，現に存在する商慣習に合致してさえいれば，その行為は正当化される。

(3) 優越的地位の濫用として問題となる行為に対しては，私的独占の禁止やカルテルの禁止と同様に，ただちに刑罰が科されることがある。

(4) 優越的地位の濫用となる行為を行った事業者は，被害者に対して民事上の損害賠償義務を負うが，この責任は無過失責任とされている。

解答ポイント＆正解

取引の一方当事者が他方当事者に対して取引上の地位が優越しているというためには，市場支配的な地位またはそれに準ずる絶対的に優越した地位である必要はなく，取引の相手方との関係で相対的に優越した地位にあれば足りる。よって，(1)は適切でない。

「正常な商慣習」とは，公正な競争秩序の維持・促進の立場から是認されるものでなければならず，現に存在する商慣習に合致しているからといって，ただちにその行為が正当化されることにはならない。よって，(2)は適切でない。

独占禁止法において，私的独占の禁止やカルテルの禁止とは異なり，不公正な取引方法の禁止については刑罰が直接規定されてはいない。よって，(3)

は適切でない。

不公正な取引方法の禁止に違反した事業者が被害者に対して負う損害賠償責任は，無過失責任とされている。よって，(4)は適切であり，これが本問の正解である。

正解：(4)　正解率：29.92%

公式テキスト　第2編6-2「不公正な取引方法」

抱合せ取引

独占禁止法で禁止されている抱合せ取引に関する記述について，適切でないものは次のうちどれですか。

(1)　融資取引条件として，企業年金運用の受託等の金融サービスを契約させることは，抱合せ取引に該当する。

(2)　設備資金融資の条件として，金融機関の親密先のメーカーから設備購入を義務付けることは，抱合せ取引に該当する。

(3)　融資取引条件として，融資を行う金融機関の関連カード会社の法人カードに加入させることは，抱合せ取引に該当する。

(4)　追加融資を実行するにあたり，他の金融機関との取引を禁止することは，抱合せ取引に該当する。

解答ポイント＆正解

融資取引条件として，企業年金運用の受託等の金融サービスを契約させることは，抱合せ取引に該当する。よって，(1)は適切である。

設備資金融資の条件として，金融機関の親密先のメーカーから設備購入を義務付けることは，抱合せ取引に該当する。よって，(2)は適切である。

融資取引条件として，融資を行う金融機関の関連カード会社の法人カードに加入させることは，抱合せ取引に該当する。よって，(3)は適切である。

追加融資を実行するにあたり，他の金融機関との取引を禁止することは，排他条件付き取引に該当するが，抱合せ取引には該当しない。よって，(4)は適切でなく，これが本問の正解である。

正解：(4)

正解率：66.22%

公式テキスト 第2編6-2「不公正な取引方法」

問−31

適合性の原則

金融商品取引法における適合性の原則に関する記述について，適切でないものは次のうちどれですか。

(1) 適合性の原則とは，金融商品取引業者等が投資勧誘等に際して，投資者の知識・経験・財産状況および投資目的等にかんがみて，不適当と認められる勧誘を行ってはならないとする理念である。

(2) 適合性の原則のうち，狭義の適合性の原則とは，ある特定の利用者に対しては，いかに説明を尽くしても一定の商品の販売・勧誘を行ってはならないという原則である。

(3) 金融商品取引業者等は，適合性の原則に違反して顧客に損害を与えた場合，不法行為または使用者責任にもとづく損害賠償責任を負うだけでなく，金融商品取引法による刑罰を科せられる可能性がある。

(4) 適合性の原則は，取引の相手方が特定投資家である場合は適用されない。

解答ポイント＆正解

適合性の原則とは，金融商品取引業者等が投資勧誘等に際して，投資者の知識・経験・財産状況および投資目的等にかんがみて，不適当と認められる勧誘を行ってはならないとする理念である。よって，(1)は適切である。

適合性の原則のうち，狭義の適合性の原則とは，ある特定の利用者に対しては，いかに説明を尽くしても一定の商品の販売・勧誘を行ってはならないという原則である。よって，(2)は適切である。

金融商品取引業者等は，適合性の原則に違反して顧客に損害を与えた場合，損害賠償責任を負うことはあるが，刑罰を科されることはない。よって，⑶は適切でなく，これが本問の正解である。

特定投資家は，投資について豊富な専門知識をもっており，みずから適切な投資判断ができるため，適合性の原則は，特定投資家には適用されない。よって，⑷は適切である。

正解：⑶　**正解率：40.36%**

(公式テキスト) **第2編7-3「登録金融機関の行為規制」**

問―32　断定的判断の提供

断定的判断の提供に関する記述について，適切でないものは次のうちどれですか。

⑴　断定的判断の提供が違法となるには，「必ず」「絶対」といった表現を用いることは必須の要件ではない。

⑵　断定的判断の提供が違法となるのは，これによって顧客の自由かつ自主的な投資判断が妨げられるからである。

⑶　断定的判断の提供の禁止に違反した場合，民事上の責任を負う可能性があることに加え，業務改善命令等の行政処分を受ける可能性がある。

⑷　断定的判断の提供により勧誘を行い，結果的にその判断が正しかった場合には法令違反とはならない。

解答ポイント＆正解

断定的判断の提供が違法となるには，「必ず」「絶対」といった表現を用いることは必須の要件ではない。よって，⑴は適切である。

断定的判断の提供が違法となるのは，これによって顧客の自由かつ自主的な投資判断が妨げられるからである。よって，⑵は適切である。

断定的判断の提供の禁止に違反した場合，民事上の責任を負う可能性があることに加え，業務改善命令等の行政処分を受ける可能性がある。よって，⑶は適切である。

断定的判断の提供により勧誘を行い，結果的にその判断が正しかった場合であっても法令違反の責任を免れるわけではない。よって，⑷は適切でなく，これが本問の正解である。

正解：⑷

正解率：91.81%

公式テキスト **第2編7-3「登録金融機関の行為規制」**

問―33 投資信託の販売

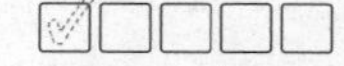

投資信託の販売に関する記述について，適切でないものは次のうちどれですか。

⑴　特定の顧客に対して，所定の優遇金利を下回る特別の優遇金利での融資を約束して投資信託の購入を勧誘することは許されない。

⑵　金融機関の職員は，外務員資格試験に合格すれば，ただちに投資信託の販売を行うことができる。

⑶　投資信託の販売を行う金融機関は，日本証券業協会の自主規制規則にもとづいて，内部管理統括責任者・営業責任者・内部管理責任者を置かなければならない。

⑷　金融機関が投資信託を取り扱う場合，預金等ではないこと，預金保険の対象ではないこと，元本の返済が保証されていないこと，契約の主体，その他預金等との誤認防止に関し参考となると認められる事項を説明しなければならない。

解答ポイント＆正解

金融商品取引業者等の行為規制として，顧客もしくはその指定した者に対し，特別の利益の提供を約し，または顧客もしくは第三者に対し特別の利益を提供する行為も禁止される。金融機関が一定の条件を充足する顧客に対して所定の範囲内の優遇金利で融資をすることは特別なことではないが，特定の顧客に対してのみ所定の優遇金利を下回る特別の優遇金利での融資をすることは，特別の利益提供と考えられる。よって，⑴は適切である。

投資信託の販売を含む証券取引の勧誘を行うには，外務員資格試験に合格しただけでは足りず，外務員登録を受ける必要がある。よって，(2)は適切でなく，これが本問の正解である。

投資信託の販売を行う金融機関は，内部管理統括責任者・営業責任者・内部管理責任者を置かなければならない。これは，日本証券業協会の自主規制規則にもとづくものである。よって，(3)は適切である。

金融機関が投資信託を取り扱う場合，預金等ではないこと，預金保険の対象ではないこと，元本の返済が保証されていないこと，契約の主体，その他預金等との誤認防止に関し参考となると認められる事項を説明しなければならない。よって，(4)は適切である。

正解：(2)　正解率：95.62%

公式テキスト　第2編7-2「投資商品販売実務における改正事項」

問ー34　広告等規制

金融商品取引法における広告等規制に関する記述について，適切でないものは次のうちどれですか。

(1)　いわゆるアナリスト・レポートは，金融商品取引契約の締結の勧誘に使用しない目的で配布するものであれば広告等の規制の対象とはならない。

(2)　リスク情報は，広告中の最も大きな文字・数字と著しく異ならない大きさで表示しなければならない。

(3)　金融商品取引業者等は，広告等の規制に違反すれば刑罰に処せられる。

(4)　広告等の規制の対象には，ファクシミリ装置を用いて送信する方法や電子メールを送信する方法は含まれない。

解答ポイント＆正解

いわゆるアナリスト・レポートは，金融商品取引契約の締結の勧誘に使用しない目的で配布するものであれば広告等の規制の対象とはならない。よって，(1)は適切である。

広告等の表示方法に関して，リスク情報は，広告中の最も大きな文字・数字と著しく異ならない大きさで表示しなければならない。よって，(2)は適切である。

金融商品取引業者等は，広告等の規制に違反すれば刑罰に処せられる。よって，(3)は適切である。

広告等の規制の対象には，ファクシミリ装置を用いて送信する方法や電子メールを送信する方法も含まれる。よって，(4)は適切でなく，これが本問の正解である。

正解：(4)　**正解率：89.49%**

公式テキスト　**第2編7-3「登録金融機関の行為規制」**

問−35　損失補てん等の禁止

金融商品取引法における損失補てん等の禁止に関する記述について，適切でないものは次のうちどれですか。

(1)　金融商品取引業者等の違法または不当行為（事故）によって顧客に損失が生じた場合，当該金融商品取引業者等は，一定の手続を経ることにより，損失を補てんすることができる。

(2)　顧客が金融商品取引業者等から補てんを受けた財産上の利益は，没収の対象となる。

(3)　損失補てんを行った金融商品取引業者等の役職員は，刑罰の対象となる。

(4)　金融商品取引業者等が顧客に，損失が生ずることになった場合に損失を補てんすることを約束した場合，金融商品取引業者等に刑罰が科せられることはあっても，顧客に刑罰が科せられることはない。

解答ポイント＆正解

金融商品取引業者等の違法または不当行為（事故）によって顧客に損失が生じた場合，当該金融商品取引業者等は，一定の手続を経ることにより，損失を補てんすることができる。よって，⑴は適切である。

顧客が金融商品取引業者等から補てんを受けた財産上の利益は，没収の対象となる。よって，⑵は適切である。

損失補てんを行った金融商品取引業者等の役職員は，刑罰の対象となる。よって，⑶は適切である。

損失補てん等の禁止行為に違反した金融商品取引業者等は，刑罰が科される。また，金融商品取引業者等に損失補てん等の要求をした顧客は，刑罰が科される。よって，⑷は適切でなく，これが本問の正解である。

正解：⑷　正解率：68.28%

公式テキスト　第2編7-3「登録金融機関の行為規制」

風説の流布

金融商品取引法における風説の流布に関する記述について，適切でないものは次のうちどれですか。

⑴　風説の流布を行った金融機関の役職員に対しては，とくに重い刑罰が科されている。

⑵　風説の流布とは，不特定または多数人に伝えることであり，特定の者だけに伝えても，順次，不特定または多数人に広まる場合は，風説の流布とされる可能性がある。

⑶　風説を流布する行為者は，合理的根拠のないことを認識している必要がある。

⑷　風説の流布によって相場を変動させた場合，刑罰が科されるほか課徴金が課されることもあり，それによって得られた財産は，原則として没収される。

解答ポイント＆正解

金融商品取引法158条は，「何人も，…（略）…相場の変動を図る目的をもって，風説を流布し，偽計を用い，又は暴行若しくは脅迫をしてはならない」旨を規定しているが，金融機関の役職員に対して，とくに重い刑罰を科しているわけではない。よって，⑴は適切でなく，これが本問の正解である。

風説の流布とは，不特定または多数人に伝えることであり，特定の者だけに伝えても，順次，不特定または多数人に広まる場合は，風説の流布とされる可能性がある。よって，⑵は適切である。

風説を流布する行為者は，合理的根拠のないことを認識している必要がある。よって，⑶は適切である。

風説の流布によって相場を変動させた場合，刑罰が科されるほか，それによって得られた財産は，原則として没収される。また，法規制の実効性を確保するという行政目的を達成するため，行政上の措置として課徴金が課されることもある。よって，⑷は適切である。

正解：⑴　正解率：45.26%

公式テキスト　**第2編7-5「風説の流布，偽計，暴行または脅迫の禁止」**

浮貸し

浮貸しに関する記述について，適切でないものは次のうちどれですか。

⑴　金融機関の役職員に自己の利益を図る目的がなくとも当該金融機関の利益を図る目的があれば，浮貸しの構成要件である第三者の利益を図る目的があるといえる。

⑵　自金融機関の審査基準で融資ができなかったので，審査基準の異なる系列ノンバンクを紹介して手数料を得る場合，浮貸しの罪に問われることはない。

⑶　浮貸しの構成要件である「債務の保証」とは，金融機関の肩書を利

用して，その金融機関が保証を行ったかのようにみせかけることなどをいう。

(4) 浮貸しの罪により処罰されるのは，その行為をした金融機関の役職員であり，融資を受けた者は処罰されない。

解答ポイント＆正解

浮貸しが成立するためには，自己または当該金融機関以外の第三者の利益を図る目的が必要である。したがって，当該金融機関の利益を図る目的は，浮貸しの構成要件には該当しない。よって，(1)は適切でなく，これが本問の正解である。

自金融機関の審査基準で融資ができなかった場合に，審査基準の異なる系列ノンバンクを紹介して手数料を得る行為は，職務上の正当な行為と考えられるので，浮貸しには該当しない。よって，(2)は適切である。

浮貸しの構成要件である「債務の保証」とは，金融機関の肩書を利用して，その金融機関が保証を行ったかのようにみせかけることなどをいう。よって，(3)は適切である。

浮貸しの罪は金融機関の役職員の行為を罰する規範であり，融資を受けた者は処罰の対象に含まれない。よって，(4)は適切である。

正解：(1)　**正解率：31.40%**

(公式テキスト) **第2編5-7「浮貸し」**

偽造・盗難カード等預貯金者保護法

偽造・盗難カード等預貯金者保護法に関する記述について，適切でないものは次のうちどれですか。

(1) 偽造カードによる不正払戻しは，原則無効であるが，金融機関が善意無過失であって，預貯金者に重過失がある場合には有効となる。

(2) 盗難カードによる不正払戻しは，金融機関が善意無過失であっても，預貯金者に過失がなく，盗難に気付いた後，すみやかに金融機関に盗難届を提出したことなど一定の要件を充足した場合には，金融機関は全額の補てん義務を負う。

(3) 盗難カードによる不正払戻しについて，金融機関が善意無過失であって，預貯金者に重過失があれば，金融機関は補てん義務を負わない。

(4) 盗難カードについて，金融機関に対して盗取された旨の通知が，盗難にあった日から30日を経過する日より後に行われた場合には，金融機関は補てん義務を負わない。

解答ポイント＆正解

偽造カードによる不正払戻しは，原則無効であるが，金融機関が善意無過失であって，預貯金者に重過失がある場合には有効となる。よって，(1)は適切である。

盗難カードによる不正払戻しは，金融機関が善意無過失であっても，預貯金者に過失がなく，盗難に気付いた後，すみやかに金融機関に盗難届を提出したことなど一定の要件を充足した場合には，金融機関は全額の補てん義務を負う。よって，(2)は適切である。

盗難カードによる不正払戻しについて，金融機関が善意無過失であって，預貯金者に重過失があれば，金融機関は補てん義務を負わない。よって，(3)は適切である。

盗難カードについて金融機関が補てん義務を負うのは，盗取された旨の通知がなされた日の30日前の日以後の不正払戻しである。また，金融機関は，盗取された旨の通知が盗取が行われた日から２年を経過する日より後に行われた場合には，補てん義務を負わない。そのため，たとえば盗取のあった日から１年後に盗取された旨の通知がなされた場合であっても，盗取された旨の通知がなされた日の30日前の日以後の不正払戻しであれば補てんの対象となる。よって，(4)は適切でなく，これが本問の正解である。

正解：(4)

正解率：25.27%

(公式テキスト) **第2編3-9「偽造・盗難カードにおける預貯金者の保護」**

問—39 振り込め詐欺救済法

振り込め詐欺救済法に関する記述について，適切でないものは次のうちどれですか。

⑴　金融機関に対し，消費生活センターから犯罪利用預金口座として使用されている旨が通報された場合，その他の事情を勘案すれば犯罪利用預金口座である疑いがあると認められるときには，金融機関は当該口座に係る取引の停止等の措置を適切に講ずるものとされている。

⑵　預金保険機構が被害回復分配金の支払手続の開始に係る公告をしたときは，被害者は所定の期間内に預金保険機構に対し，被害回復分配金の支払いの申請を行う必要がある。

⑶　振込手続によらず，郵便物に現金を同封して犯人が指定した宛て先に郵送した場合，振り込め詐欺救済法の適用は受けられない。

⑷　犯罪利用預金口座に係る預金債権の消滅手続においては，金融機関が預金保険機構に対して公告を求め，預金保険機構は遅滞なく法定事項を公告しなければならない。

解答ポイント＆正解

消費生活センターから犯罪利用預金口座として使用されている旨が通報された場合，その他の事情を勘案すれば犯罪利用預金口座である疑いがあると認められるときには，金融機関は当該口座に係る取引の停止等の措置を適切に講じなければならない。よって，⑴は適切である。

預金保険機構が被害回復分配金の支払手続の開始に係る公告をしたときは，被害者は所定の期間内に，預金保険機構ではなく金融機関に対し，被害回復分配金の支払いの申請を行う必要がある。よって，⑵は適切でなく，これが本問の正解である。

振込手続によらず，郵便物に現金を同封して犯人が指定した宛て先に郵送した場合，振り込め詐欺救済法の適用は受けられない。よって，⑶は適切である。

犯罪利用預金口座に係る預金債権の消滅手続においては，金融機関が預金保険機構に対して公告を求め，預金保険機構は遅滞なく法定事項を公告しなければならない。よって，⑷は適切である。

正解：(2)　正解率：43.91％

公式テキスト　第2編3-10「振り込め詐欺による被害者の保護」

問－40　著作権

著作権に関する記述について，適切でないものは次のうちどれですか。

⑴　著作権の登録がされていない場合であっても，著作権にもとづき第三者の妨害を排除することができる。

⑵　個人が購入した書籍を著作権者の許可なく複製し，利用したとしても，それが個人的な利用の範囲にとどまる場合には著作権侵害にあたらない。

⑶　公表された著作物は，出所を明示しさえすれば，著作権者の承諾なく自由に引用することができる。

⑷　金融機関の職員が業務遂行の過程で著作権侵害行為を行った場合，当該職員のみならず金融機関に対しても刑罰が科されることがある。

解答ポイント＆正解

著作権の登録がされていない場合であっても，著作権にもとづき第三者の妨害を排除することができる。よって，⑴は適切である。

「私的使用」にあたる場合は，著作者の許諾なく著作物を利用することも許される。よって，⑵は適切である。

公表された著作物は，公正な慣行に合致し，引用の目的上正当な範囲内であれば，引用に関する要件を満たすことで，著作権者の承諾なく引用して使用することができるが，出所を明示さえすれば無制限に引用が認められるわけではない。よって，⑶は適切でなく，これが本問の正解である。

著作権法では，著作権侵害行為には，直接の行為者のみならず法人もあわせて罰せられる旨の両罰規定が設けられている。よって，(4)は適切である。

正解：(3)　**正解率：64.93%**

公式テキスト　**第2編8-6「著作権」**

内部のリスク管理態勢とコンプライアンス

問－41　文書提出命令

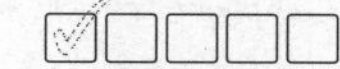

文書提出命令に関する記述について，適切なものは次のうちどれですか。

(1)　文書提出命令の申立てをするには，文書の表示や文書の趣旨等を明らかにする必要があるから，文書の名称や趣旨を明らかにできないときは，文書提出命令の申立てをすることはできない。

(2)　金融機関の有する債権の資産査定を行うための自己査定資料は「もっぱら文書の所持者の利用に供するための文書」に該当しないので，文書提出命令の対象となる。

(3)　訴訟の当事者が文書提出命令に従わなかったとしても，法的な不利益を受けることはない。

(4)　普通預金払戻請求書は，法律関係文書に該当しないから，文書提出命令の対象とならない。

2023年10月（第60回）

解答ポイント＆正解

文書提出命令の申立てをするには，①文書の表示，②文書の趣旨，③文書の所持者，④証明すべき事実，⑤文書の提出義務の原因，を明らかにする必要があるが，文書の表示や文書の趣旨を明らかにすることが著しく困難であるときは，その申立ての時においては，これらの事項に代えて，文書の所持者がその申立てに係る文書を識別することができる事項を明らかにすれば足りる。よって，(1)は適切でない。

金融機関の有する債権の資産査定の前提となる債務者区分を定めるために作成し保管している自己査定資料は，法令により義務付けられた資産査定のために必要な資料であり，監督官庁による資産査定に関する立入検査において，資産査定の正確性を裏付ける資料として必要とされているものであるから，金融機関以外の者による利用が予定されており，「もっぱら文書の所持者の利用に供するための文書」（自己利用文書）にはあたらないとされている。よって，⑵は適切であり，これが本問の正解である。

訴訟の当事者が文書提出命令に従わない場合，裁判所は，当該文書の記載に関する相手方の主張を真実と認めることができる。したがって，訴訟の当事者が文書提出命令に従わない場合，訴訟上不利益を受ける可能性がある。よって，⑶は適切でない。

普通預金払戻請求書は，法律関係文書に該当し，文書提出命令の対象となる。よって，⑷は適切でない。

正解：⑵

正解率：42.88%

公式テキスト　**第3編2-2「民事訴訟における文書提出命令」**

問−42　法定後見制度

法定後見制度に関する記述について，適切でないものは次のうちどれですか。

⑴　複数の成年後見人が選任されることもある。

⑵　成年被後見人が日用品の購入を行った場合，成年後見人はその行為を取り消すことができる。

⑶　被保佐人の行為のうち，保佐人の同意を要する行為が民法上列挙されているが，必要であれば家庭裁判所が追加することもでき，また保佐人に代理権を与えることもできる。

⑷　法人も成年後見人になることができる。

解答ポイント＆正解

成年後見人は１人とは限らず，複数の成年後見人が選任されることもある。よって，⑴は適切である。

成年後見人は成年被後見人の法定代理人であり，その財産管理にあたっては広範な代理権・取消権を有するが，日用品の購入その他日常生活に関する行為については成年被後見人が単独で行うことができ，成年後見人はこれを取り消すことができない。よって，(2)は適切でなく，これが本問の正解である。

被保佐人の行為のうち，保佐人の同意を要する行為が民法上列挙されているが，必要であれば家庭裁判所が追加することもでき，また保佐人に代理権を与えることもできる。よって，(3)は適切である。

法人を成年後見人とすることも認められている。よって，(4)は適切である。

正解：(2)　正解率：70.54%

公式テキスト　第2編3-3「成年後見制度」

問－43　任意後見制度

任意後見制度に関する記述について，適切でないものは次のうちどれですか。

(1)　任意後見人は，成年後見人とは異なり，本人が行った行為を取り消すことはできない。

(2)　任意後見制度は，本人に判断能力が備わっている間に，自分の希望する内容で任意後見契約を締結するものであり，本人の自己決定権を最大限に尊重した制度である。

(3)　任意後見契約は，家庭裁判所によって任意後見監督人が選任されることによって効力を生じる。

(4)　任意後見人の氏名・住所や代理権の範囲は，後見登記等ファイルに記載されない。

解答ポイント＆正解

任意後見人は，成年後見人とは異なり，本人が行った行為を取り消すことはできない。よって，(1)は適切である。

任意後見制度は，本人に判断能力が備わっている間に，自分の希望する内容で任意後見契約を締結するものであり，本人の自己決定権を最大限に尊重した制度である。よって，(2)は適切である。

任意後見契約は，家庭裁判所によって任意後見監督人が選任されることによって効力を生じる。よって，(3)は適切である。

任意後見人の氏名・住所や代理権の範囲は，後見登記等ファイルに記載される。よって，(4)は適切でなく，これが本問の正解である。

正解：(4)　**正解率：83.75%**

(公式テキスト) **第2編3-3「成年後見制度」**

問－44　インサイダー取引規制

インサイダー取引規制に関する記述について，適切なものは次のうちどれですか。

(1)　一定の報道機関のうち2社以上に公開した時点から12時間を経過した場合には，重要事実の公表に該当する。

(2)　規制対象となる情報受領者には，第1次情報受領者から情報伝達を受けた第2次情報受領者も含まれる。

(3)　上場会社の役職員が当該会社を退職してから2年を経るまでの期間は，会社関係者の範囲に含まれる。

(4)　規制対象となる重要事実とは，上場会社の業務等に関する事実を意味し，当該上場会社の子会社の業務等に関する事実は含まれない。

解答ポイント＆正解

一定の報道機関のうち2社以上に公開した時点から12時間を経過した場合には，重要事実の公表に該当する。よって，(1)は適切であり，これが本問の正解である。

規制対象となる情報受領者は，第1次情報受領者のみで，第2次情報受領者は含まれない。よって，(2)は適切でない。

上場会社の役職員は，当該会社を退職してから1年を超える場合は，会社関係者の範囲に含まれない。よって，(3)は適切でない。

規制対象となる重要事実には，当該上場会社の子会社の業務等に関する事実も含まれる。よって，(4)は適切でない。

正解：(1)　正解率：66.15%

公式テキスト　第2編7-7「内部者取引（インサイダー取引）の禁止」

問−45 信用照会制度

信用照会制度に関する記述について，適切でないものは次のうちどれですか。

(1)　信用照会制度は金融機関間の情報交換制度であり，手形や小切手の受取人の依頼によって行われる。

(2)　信用照会制度においては，たとえ回答が誤っていた場合であっても，それが故意または重過失によるものでなければ，回答した金融機関はその責任を追及されない。

(3)　信用照会制度は，金融機関間の申合せによって実施されているものであり，この申合せは一般社団法人全国銀行協会の通達により具体化されている。

(4)　信用照会制度は金融機関間の制度であり，この制度を利用して得た情報は金融機関以外の外部の者に漏らしてはならないことになっており，たとえ信用力が高い取引先に対してであっても情報を開示してはならない。

解答ポイント＆正解

信用照会制度は，手形や小切手の受取人の依頼によって行うものではない。よって，(1)は適切でなく，これが本問の正解である。

信用照会において，回答が誤っていた場合であっても，故意または重過失がない限り，回答した金融機関は責任を負わないこととされている。よって，(2)は適切である。

信用照会制度は，金融機関間の申合せによって実施されているものであり，この申合せは一般社団法人全国銀行協会の通達により具体化されている。よって，⑶は適切である。

信用照会制度は金融機関間の制度であり，この制度を利用して得た情報は，たとえ信用力が高い取引先に対してであってもこれを開示してはならない。よって，⑷は適切である。

正解：⑴　**正解率：62.99%**

公式テキスト　**第3編3-2「顧客情報の管理」**

問－46　各種公的機関からの照会と対応

公的機関からの照会に関する記述について，適切でないものは次のうちどれですか。

⑴　犯罪事件の捜査に関し捜査当局から捜査関係事項照会書の送付を受けた場合，これに対して回答しても原則として守秘義務違反とはならない。

⑵　裁判所からの調査嘱託に対しては，回答しなくともそれに対する罰則規定はないが，回答しなかった場合には，後に裁判所から証人として呼び出される可能性がある。

⑶　税務署から取引先に対する滞納処分のための任意調査を受けた場合，慎重に対応すべきであるが，虚偽の回答を行ったとしても罰則は科されない。

⑷　銀行法にもとづき，監督当局に報告や資料の提出を行う場合には，銀行の守秘義務は免除されるので，顧客本人の同意を得る必要はない。

解答ポイント＆正解

犯罪事件の捜査に関し，捜査関係事項照会書の送付を受けた場合，これに対して回答しても原則として守秘義務違反とはならない。よって，⑴は適切である。

裁判所からの調査嘱託に対しては，回答しなくともそれに対する罰則規定はないが，回答しなかった場合には，後に裁判所から証人として呼び出される可能性がある。よって，⑵は適切である。

税務署から取引先に対する滞納処分のための調査を受けた場合，調査に対して虚偽の回答を行うと処罰される可能性がある。よって，⑶は適切でなく，これが本問の正解である。

銀行法にもとづき，監督当局に報告や資料の提出を行う場合には，銀行の守秘義務は免除されるので，顧客本人の同意を得る必要はない。よって，⑷は適切である。

正解：⑶　正解率：93.17%

公式テキスト　第2編3-5「守秘義務」

問－47　代筆

代筆に関する記述について，適切でないものは次のうちどれですか。

⑴　預金取引において，親族等の同行者が代筆する場合でも，金融機関の職員が代筆する場合でも，金融機関の複数の職員が確認し，確認した事実を記録として残すことが必要である。

⑵　自筆困難者が預金取引のために単独で金融機関の窓口に訪れた場合は，再度，親族等の同行者とともに来店するよう依頼しなければならない。

⑶　本人の意思を十分に確認しないで代筆した場合，当該取引が無効となるおそれがあるほか，代筆した職員に私文書偽造罪が成立する可能性がある。

⑷　民法上は，本人の同意なく金融機関の職員が代筆した契約であっても，事後に本人の追認があれば有効となる。

解答ポイント＆正解

預金取引において，親族等の同行者が代筆する場合でも，金融機関の職員が代筆する場合でも，後日のトラブルに備えて，金融機関の複数の職員が確認し，確認した事実を記録としてしっかりと残すことが必要である。よって，(1)は適切である。

自筆困難者が預金取引のために単独で金融機関の窓口に訪れた場合は，顧客の保護を図ったうえで，金融機関の職員が代筆することを可能とする旨の社内規則を整備し，十分な対応をすることが，金融庁の監督指針に定められている。よって，(2)は適切でなく，これが本問の正解である。

本人の意思を十分に確認しないで代筆した場合，当該取引が無効となるおそれがあるほか，代筆した職員に私文書偽造罪が成立する可能性がある。よって，(3)は適切である。

民法上は，本人の同意なく金融機関の職員が代筆した契約であっても，事後に本人の追認があれば有効となる。よって，(4)は適切である。

正解：(2)　正解率：72.08%

公式テキスト　第2編3-8「職員による代筆」

保証

保証に関する記述について，適切でないものは次のうちどれですか。

(1)　会社の債務を連帯保証していた代表取締役が退任しても，債権者である金融機関が免除しない場合は，当該代表取締役の退任時の保証責任は原則として消滅しない。

(2)　個人貸金等根保証契約における保証人の保証責任の範囲は，極度額を限度とするとされているが，利息・損害金は極度額の超過部分にも及ぶ。

(3)　事業のために負担する貸金等債務の主債務者は，保証の委託をする場合，委託を受ける個人に対し，主債務者の財産および収支の状況等の一定の情報を提供しなければならない。

(4) 保証契約が書面によって行われていたとしても，契約当時に保証人に意思能力がなかった場合，当該保証契約は無効である。

解答ポイント＆正解

会社の債務を連帯保証していた代表取締役が退任しても，債権者である金融機関が免除しない場合は，当該代表取締役の退任時の保証責任は原則として消滅しない。よって，(1)は適切である。

個人貸金等根保証契約における保証人の保証責任の上限は，当該保証契約の極度額であり，これを超えることはない。よって，(2)は適切でなく，これが本問の正解である。

事業のために負担する貸金等債務の主債務者は，保証の委託をする場合，委託を受ける個人に対し，主債務者の財産および収支の状況等の一定の情報を提供しなければならない。よって，(3)は適切である。

法律行為の当事者が意思表示をした時（書面によって保証契約を締結した時）に意思能力を有しなかったときは，その法律行為は無効となる。よって，(4)は適切である。

正解：(2)　正解率：55.64%

公式テキスト　第2編3-7「保証」

電子記録債権

電子記録債権に関する記述について，適切なものは次のうちどれですか。

(1) 電子記録債権は，債権者と債務者の双方が電子債権記録機関に発生記録の請求をしたときに発生する。

(2) 電子記録債権の発生記録がなされたときは，債権者・債務者間の原因債権が消滅する。

(3) 電子記録債権も債権であることに変わりはないから，権利を行使することができることを知った時から5年間行使しないときは，時効によって消滅する。

(4) 電子記録債権は，あらかじめ口座間送金決済に関する契約が締結されているときに，債務者口座から債権者口座に対する払込による支払いが行われた場合は，支払等記録がなくても，その支払いの時に消滅の効力が生じる。

解答ポイント＆正解

電子記録債権は，債権者と債務者の双方が電子債権記録機関に発生記録の請求をしたときではなく，電子債権記録機関が発生記録をしたときに生ずる。よって，(1)は適切でない。

電子記録債権は，原因債権とは別個の債権であり，電子記録債権の発生記録がなされても，原因債権が消滅することはない。よって，(2)は適切でない。

電子記録債権は，これを行使することができる時から3年間行使しない場合は，時効によって消滅する。よって，(3)は適切でない。

電子記録債権も金銭債権である以上，支払等記録がなくても，弁済によって消滅する。よって，(4)は適切であり，これが本問の正解である。

正解：(4)　**正解率：41.13%**

労働契約法

労働契約法に関する記述について，適切なものは次のうちどれですか。

(1) 使用者が従業員に労働を命じることができる時間の上限が定められている。

(2) 就業規則で定める基準に達しない労働条件を定める労働契約は，その部分については無効となることが定められている。

⑶　労働契約法に違反した使用者に刑罰が科されることが定められている。

⑷　労働組合に参加したことを理由とする不利益取扱いの禁止が定められている。

解答ポイント＆正解

労働時間の上限は，労働基準法に規定されている。よって，⑴は適切でない。

労働契約法では，就業規則で定める基準に達しない労働条件を定める労働契約は，その部分については無効となることが定められている。よって，⑵は適切であり，これが本問の正解である。

労働契約法には刑罰は規定されていない。よって，⑶は適切でない。

労働組合に参加したことを理由とする不利益取扱い等の不当労働行為については，労働契約法ではなく，労働組合法が規定している。よって，⑷は適切でない。

正解：⑵　**正解率：27.21%**

（公式テキスト）**第2編3-7「保証」**

2023年 6 月（第59回）

試験問題・解答ポイント・正解

金融機関とコンプライアンス

金融取引とコンプライアンス

内部のリスク管理態勢とコンプライアンス

※問題および各問題についての解答ポイント・正解は，原則として試験実施日におけるものです。

金融機関とコンプライアンス

金融機関におけるコンプライアンス

金融機関におけるコンプライアンスに関する記述について，適切でないものは次のうちどれですか。

⑴　金融機関が市場の一員として活動するためには，ルールは守らなくてはならないという社会からの強い要請があり，ルールを守らなければ市場から追い出されることもありうるとの認識で，コンプライアンスをとらえる必要がある。

⑵　金融機関に求められているコンプライアンスは，金融機関の役職員１人ひとりのコンプライアンスの意識の向上に尽きるのであって，金融機関自体のコンプライアンス態勢の整備が求められているわけではない。

⑶　「しなければならないと決められていないが，行ったほうがよいと思われることを積極的に行い，禁止されていないが行わないほうがよいと思われることを厳に慎む」というのが真のコンプライアンスであり，ビジネス行動上のグローバル・スタンダードといえる。

⑷　金融取引においては遵守すべき法律や規則等が多く存在するため，金融活動を行うにあたっては，法律・規則等を遵守することは当然のことであるが，たとえ法律・規則等に抵触しない場合でも，金融機関に求められている倫理観と誠実さにもとづき，公正な行動をとることを心がけることが必要である。

解答ポイント＆正解

金融機関が市場の一員として活動するためには，ルールは守らなくてはならないという社会からの強い要請があり，ルールを守らなければ市場から追い出されることもありうるとの認識で，コンプライアンスをとらえる必要がある。よって，⑴は適切である。

金融機関に求められているコンプライアンスとは，たんに法令等の重要性を強調することや法令等の知識の習得ではなく，法令等を遵守するための組織的な態勢整備である。金融機関の役職員１人ひとりのコンプライアンスの意識の向上に尽きるわけではない。よって，⑵は適切でなく，これが本問の正解である。

「しなければならないと決められていないが，行ったほうがよいと思われることを積極的に行い，禁止されていないが行わないほうがよいと思われることを厳に慎む」というのが真のコンプライアンスであり，ビジネス行動上のグローバル・スタンダードといえる。よって，⑶は適切である。

金融取引においては遵守すべき法律や規則等が多く存在するため，金融活動を行うにあたっては，法律・規則等を遵守することは当然のことであるが，たとえ法律・規則等に抵触しない場合でも，金融機関に求められている倫理観と誠実さにもとづき，公正な行動をとることを心がけることが必要である。よって，⑷は適切である。

正解：⑵　正解率：98.16%

公式テキスト　第1編1「コンプライアンス態勢の構築」

問－2　銀行法による規制

銀行法による規制に関する記述について，適切でないものは次のうちどれですか。

⑴　内閣総理大臣（監督当局）は，銀行の業務の健全かつ適切な運営を確保するため必要があると認めるときは，銀行に対し，その業務または財産の状況に関し報告または資料の提出を求めることができる。

⑵　内閣総理大臣（監督当局）は，銀行の業務の健全かつ適切な運営を確保するため必要があると認めるときは，銀行に対し，業務改善計画の提出を求めることができる。

⑶　内閣総理大臣（監督当局）は，銀行が法令，定款，内閣総理大臣の

2023年6月（第59回）

行った行政処分に違反したときは，業務の停止を命じることができるが，役員を解任する場合には当該銀行自身の機関決定を経なければならない。

(4) 内閣総理大臣（監督当局）は，銀行の業務の健全かつ適切な運営を確保するため必要があると認めるときは，銀行の営業所その他の施設に立入検査を行うことができる。

解答ポイント＆正解

内閣総理大臣（監督当局）は，銀行の業務の健全かつ適切な運営を確保するため必要があると認めるときは，銀行に対し，その業務または財産の状況に関し報告または資料の提出を求めることができる。よって，(1)は適切である。

内閣総理大臣（監督当局）は，銀行の業務の健全かつ適切な運営を確保するため必要があると認めるときは，銀行に対し，業務改善計画の提出を求めることができる。よって，(2)は適切である。

内閣総理大臣（監督当局）は，銀行が法令，定款，内閣総理大臣の行った行政処分に違反したときは，業務の停止・役員の解任をすることができる。よって，(3)は適切でなく，これが本問の正解である。

内閣総理大臣（監督当局）は，銀行の業務の健全かつ適切な運営を確保するため必要があると認めるときは，銀行の営業所その他の施設に立入検査を行うことができる。よって，(4)は適切である。

正解：(3)

正解率：95.39%

公式テキスト **第2編1-5「その他銀行法に基づく規制」**

問一3 公益通報者保護法

公益通報者保護法に関する記述について，適切なものは次のうちどれですか。

(1) 保護される通報者の範囲は，現役の労働者と退職後１年以内の労働者に限られる。

(2) 事業者（従業員数300人以下の事業者を除く）には，内部公益通報受付窓口の設置が義務付けられ，通報対象事実の調査や是正措置等の努力義務が課せられている。

(3) 事業者に対して権限を有する行政機関に対する通報は，信じるに足りる相当の理由がある場合や，氏名等，法が定める所定の事項を記載した書面を提出する場合に認められる。

(4) 内部調査等に従事する者は，通報者を特定させる情報について守秘義務を課せられているが，違反しても刑罰を科せられることはない。

解答ポイント＆正解

公益通報者保護法によれば，同法によって保護される通報者の範囲は，現役の労働者のほか役員と退職後１年以内の退職者も含まれる。よって，(1)は適切でない。

公益通報者保護法は，事業者（従業員数300人以下の事業者を除く）に対しては，内部通報に適切に対応するために必要な体制の整備等（内部公益通報受付窓口の設置，通報対象事実の調査，是正措置等）を義務付けている。よって，(2)は適切でない。

事業者に対して権限を有する行政機関に対する通報は，信じるに足りる相当の理由がある場合や，氏名等，法が定める所定の事項を記載した書面を提出する場合に認められる。よって，(3)は適切であり，これが本問の正解である。

内部調査等に従事する者は，通報者を特定させる情報について守秘義務を課せられており，守秘義務に違反した者は30万円以下の罰金に処せられる。

よって，(4)は適切でない。

正解：(3)

正解率：24.67%

(公式テキスト) 第1編2-6「不祥事件・苦情等に対する処置」

問－4 利益供与

会社法における利益供与に関する記述について，適切でないものは次のうちどれですか。

(1) 株主の親族や株主の経営する会社に対して財産上の利益を供与した場合は，利益供与には該当しない。

(2) 株主総会で株主の質問権を行使しないと約束するといった消極的なものでも，利益供与に該当する可能性がある。

(3) 会社の役員が利益供与を行い，役員が会社に対する民事責任を株主代表訴訟（会社法における「責任追及等の訴え」）により追及されて敗訴した場合，役員等賠償責任保険によってもその賠償額が補償されることはない。

(4) 株主に対して債務免除を行った場合は，利益供与に該当する可能性がある。

解答ポイント＆正解

株式会社は，何人に対しても，株主の権利の行使に関し，財産上の利益の供与をしてはならないとされており，利益供与の相手方は株主に限らない。したがって，株主の親族や株主の経営する会社などに対して財産上の利益を供与した場合もこれにあたる可能性がある。よって，(1)は適切でなく，これが本問の正解である。

前記のとおり，株式会社は，何人に対しても，株主の権利の行使に関し，財産上の利益の供与をしてはならない。この場合の株主の権利とは，株主総会に出席しない，出席をしても質問権を行使しないと約束するような消極的なもの，株主権の不行使も広く含むと考えられている。よって，(2)は適切である。

会社の役員が利益供与を行い，役員が会社に対する民事責任を株主代表訴訟により追及されて敗訴した場合，役員等賠償責任保険によってもその賠償額が補償されることはない。よって，⑶は適切である。

前記のとおり，株式会社は，何人に対しても，株主の権利の行使に関し，財産上の利益の供与をしてはならない。この「財産上の利益」には債務免除を受けることも含まれる。したがって，株主に対して債務免除を行った場合は，利益供与に該当する可能性がある。よって，⑷は適切である。

正解：⑴　**正解率：87.57%**

公式テキスト　**第1編2-5「株主に対する利益供与の禁止」**

2023年6月（第59回）

問-5　株主代表訴訟

株主代表訴訟に関する記述について，適切でないものは次のうちどれですか。

⑴　株主代表訴訟を提起できる株主は，公開会社であるか否かにかかわらず，6か月前から引き続き，当該株式会社の株式を有している株主に限られる。

⑵　株主代表訴訟の提起にあたり，裁判所に納める手数料は，役員に対する損害賠償の請求額如何にかかわらず，一律とされている。

⑶　株主代表訴訟において，被告となった役員は，裁判所に対し，原告（株主）の訴えの提起が悪意によるものであることを疎明して，原告敗訴・被告勝訴の場合の損害賠償の補てんに備えて，原告が担保金を積むことを求めることができる。

⑷　いわゆる多重代表訴訟とは，企業グループの頂点に位置する株式会社（最終完全親会社等）の株主が，その子会社（孫会社も含む）の取締役等の責任について代表訴訟を提起することができる制度をいう。

解答ポイント＆正解

株主代表訴訟を提起できる株主は，公開会社においては６か月（定款でこれを下回る期間を定めたときはその期間）前から引き続き当該株式会社の株式を保有していることが必要であるが，公開会社でない株式会社の株主においては，６か月前から保有していることまでは求められていない。よって，⑴は適切でなく，これが本問の正解である。

株主代表訴訟の提起にあたり，裁判所に納める手数料は，役員に対する損害賠償の請求額如何にかかわらず，一律とされている。よって，⑵は適切である。

株主代表訴訟において，被告となった役員は，原告敗訴・被告勝訴の場合の損害賠償の補てんに備えて，原告の悪意を疎明して，原告に担保金を積ませるよう裁判所に申し立てることができる。よって，⑶は適切である。

いわゆる多重代表訴訟とは，企業グループの頂点に位置する株式会社（最終完全親会社等）の株主が，その子会社（孫会社も含む）の取締役等の責任について代表訴訟を提起することができる制度をいう。よって，⑷は適切である。

正解：⑴　正解率：62.70%

公式テキスト　第1編2-4「株主代表訴訟」

取締役

取締役に関する記述について，適切でないものは次のうちどれですか。

⑴　取締役は，法令および定款ならびに株主総会の決議を遵守し，株式会社のため忠実にその職務を行わなければならない。

⑵　代表取締役が任期満了または辞任によって定款所定の代表取締役の員数が欠ける結果となった場合には，任期の満了または辞任により退任した代表取締役は，新たに選定された代表取締役が就任するまで，なお代表取締役としての権利義務を有する。

(3)　代表取締役が職務を行うについて第三者に損害を加えても，それは正当な代表権の行使とはいえないから，株式会社が当該第三者に対して損害を賠償する責任を負うことはない。

(4)　取締役が十分な情報にもとづき会社にとって最良と信じて決定を下した場合には，たとえその決定によって事後的に損失が生じたとしても，取締役は当該決定について責任を問われないという原則を，経営判断の原則という。

解答ポイント＆正解

取締役は，法令および定款ならびに株主総会の決議を遵守し，株式会社のため忠実にその職務を行わなければならない。よって，(1)は適切である。

代表取締役が任期満了または辞任によって定款所定の代表取締役の員数が欠ける結果となった場合には，任期の満了または辞任により退任した代表取締役は，新たに選定された代表取締役が就任するまで，なお代表取締役としての権利義務を有する。よって，(2)は適切である。

株式会社は，代表取締役その他の代表者がその職務を行うについて第三者に加えた損害を賠償する責任を負う。よって，(3)は適切でなく，これが本問の正解である。

取締役が十分な情報にもとづき会社にとって最良と信じて決定を下した場合には，たとえその決定によって事後的に損失が生じたとしても，取締役は当該決定について責任を問われないという原則を，経営判断の原則という。よって，(4)は適切である。

正解：(3)　正解率：89.54%

(公式テキスト) 第1編2-1「取締役・取締役会の義務と責任」

社外取締役

社外取締役の設置等に関する記述について，適切なものは次のうちどれですか。

(1) 監査役会を設置している公開会社かつ大会社であってその発行株式につき有価証券報告書を内閣総理大臣に提出しなければならないものは，社外取締役を設置しなければならない。

(2) 株式会社（指名委員会等設置会社を除く）と取締役との利益が相反する状況にあるときは，当該株式会社は，社外取締役に業務の執行を委託することはできない。

(3) 親会社の取締役は，子会社の社外取締役になることができる。

(4) 社外取締役と会社との関係は，民法上の雇用関係にある。

解答ポイント＆正解

監査役会を設置している公開会社かつ大会社であってその発行株式につき有価証券報告書を内閣総理大臣に提出しなければならないものは，社外取締役を設置しなければならない。よって，(1)は適切であり，これが本問の正解である。

株式会社（指名委員会等設置会社を除く）と取締役との利益が相反する状況にあるときなど，一定の場合は，当該株式会社は，そのつど，取締役の決定（取締役会設置会社の場合は取締役会の決議）によって，社外取締役に業務の執行を委託することができる。よって，(2)は適切でない。

親会社の取締役は，子会社の社外取締役になれない。よって，(3)は適切でない。

社外取締役と会社との関係は，民法上の委任関係にある。よって，(4)は適切でない。

正解：(1)

正解率：53.75%

公式テキスト 第1編2-1「取締役・取締役会の義務と責任」

問一8 監査役

監査役に関する記述について，適切でないものは次のうちどれですか。

(1) 監査役は，取締役，会計参与，支配人その他の使用人に対して事業の報告を求め，または，監査役設置会社の業務および財産の状況の調査をすることができる。

(2) 公開会社において，監査役の監査の範囲は，原則として会計に関するものに限定されている。

(3) 監査役は，取締役が株主総会に提出しようとする議案・書類等を調査し，法令・定款に違反したり，著しく不当な事項があると認めるときは，その調査結果を株主総会に報告しなければならない。

(4) 親会社（監査役設置会社）の監査役は，その職務を行うため必要があるときは，子会社に対して事業の報告を求めたり，子会社の業務および財産の状況の調査をすることができる。

解答ポイント＆正解

監査役は，取締役，会計参与，支配人その他の使用人に対して事業の報告を求め，または，監査役設置会社の業務および財産の状況の調査をすることができる。よって，(1)は適切である。

公開会社において，監査役の権限は，会計監査のみならず業務監査も含まれる。よって，(2)は適切でなく，これが本問の正解である。

監査役は，取締役が株主総会に提出しようとする議案・書類等を調査しなければならず，もし，法令・定款に違反したり，著しく不当な事項があると認めるときは，その調査結果を株主総会に報告しなければならない。よって，(3)は適切である。

親会社（監査役設置会社）の監査役は，その職務を行うため必要があるときは，子会社に対して事業の報告を求めたり，子会社の業務および財産の状況の調査をすることができる。よって，(4)は適切である。

正解：(2)

正解率：95.59%

(公式テキスト) 第1編2-2「監査役・監査役会の義務と責任」

問－9 接待・贈答

接待・贈答に関する記述について，適切なものは次のうちどれですか。

(1) 国家公務員に対する接待・贈答について，国家公務員倫理規程において利害関係者からの金銭・物品・不動産の贈与等が禁止されているが，これには餞別，祝儀，香典，供花なども含まれている。

(2) 地域金融機関と地方公務員は地域振興のための連携を密にする必要があるため，地方公務員に対する接待・贈答を認める例外措置が定められている。

(3) 取引先から，世間一般の相場よりも極端に低い価格で物品を購入した場合，無償でない限り問題はない。

(4) 取引先と休日に行うプライベートな関係の接待は避ける必要はなく，逆に親密さを増すチャンスと捉えるべきである。

解答ポイント＆正解

国家公務員に対する接待・贈答について，国家公務員倫理規程において利害関係者からの金銭・物品・不動産の贈与等が禁止されているが，これには餞別，祝儀，香典，供花なども含まれている。よって，(1)は適切であり，これが本問の正解である。

地方公務員に対する接待・贈答に例外措置はなく，厳格な対応が必要である。よって，(2)は適切でない。

取引先から，世間一般の相場よりも極端に低い価格で物品を購入することは，無償でなくとも，実質的に，相場との価格差に対応する利益を取引先から得ることになる可能性がある。形を変えて贈答を受けたことになるため，このような対応は自粛すべきである。よって，(3)は適切でない。

プライベートな関係での接待は，接待・贈答に関するルールの外で行うものであり，組織によるチェックが効かないばかりでなく，場合によっては取引先に付け入る隙を与えることになるため回避すべきである。よって，(4)は適切でない。

正解：(1)　正解率：84.41%

公式テキスト　第2編4-3「贈収賄罪」
第2編5-2「贈収賄罪」

問―10　反社会的勢力への対応

反社会的勢力への対応に関する記述について，適切でないものは次のうちどれですか。

(1)　政府指針によれば，反社会的勢力かどうかの判断においては，暴力団，総会屋等に関係しているかという属性要件のほか，暴力的な要求行為等を行っているか等，行為要件にも着目することが重要であるとされている。

(2)　反社会的勢力と関係をもつことによって生ずる弊害として，刑事責任・民事責任の発生の可能性のほか，信用毀損リスクの発生が挙げられる。

(3)　反社会的勢力との関係遮断は，会社法上の内部統制システムの一環として位置付けるものとされている。

(4)　反社会的勢力から不当要求がなされた場合，できるだけ接触する担当者を限定し，当該担当者の範囲で事案を解決するよう対応することが大切である。

解答ポイント＆正解

政府指針では，「反社会的勢力をとらえるに際しては，暴力団，暴力団関係企業，総会屋，社会運動標ぼうゴロ，政治活動標ぼうゴロ，特殊知能暴力集団等といった属性要件に着目するとともに，暴力的な要求行為，法的な責任を超えた不当な要求といった行為要件にも着目することが重要である」とされている。よって，⑴は適切である。

反社会的勢力と関係を有することの弊害としては，刑事責任・民事責任の発生の可能性のほか，信用毀損リスクの発生が挙げられる。よって，⑵は適切である。

反社会的勢力との関係遮断は，会社法上の内部統制システムの一環として位置付けるものとされている。よって，⑶は適切である。

反社会的勢力による弊害を防止するための基本原則の１つとして，組織としての対応が求められており，担当者だけでなく，組織全体として対応する必要がある。よって，⑷は適切でなく，これが本問の正解である。

正解：⑷　正解率：96.38%

公式テキスト　**第1編2-7「反社会的勢力との関係遮断」**

金融取引とコンプライアンス

問−11 善管注意義務

善管注意義務に関する記述について，適切でないものは次のうちどれですか。

⑴　善管注意義務は，その者の個人的な資質や能力を基準として要求される注意義務であると解されている。

⑵　窓口における預金の払戻しの際の印鑑照合について，金融機関職員は一般人以上に高い注意義務に服している。

⑶　約束手形の不渡事由の不渡情報登録に対する異議申立てについて，振出人から依頼を受けて金融機関が受任した場合，当該金融機関は善管注意義務を負う。

⑷　善管注意義務は，自己の財産に対するのと同一の注意義務よりも重い義務である。

解答ポイント＆正解

善管注意義務とは，通常，その職業，その属する社会的・経済的地位などにおいて一般的に要求される注意義務と説明される。よって，⑴は適切でなく，これが本問の正解である。

金融機関職員は，印鑑照合について一般人以上に高い注意義務に服している。よって，⑵は適切である。

約束手形の不渡事由の不渡情報登録に対する異議申立てについて，振出人から依頼を受けて金融機関が受任した場合，当該金融機関は善管注意義務を負う。よって，⑶は適切である。

自己の財産に対するのと同一の注意義務とは，無償で他人物の寄託を受けた者が当該物に対して負担する義務であり，善管注意義務よりも軽い義務である。よって，⑷は適切である。

正解：(1)　正解率：74.61%
(公式テキスト) 第2編3-4「善管注意義務」

問−12　守秘義務

守秘義務に関する記述について，適切でないものは次のうちどれですか。

(1)　金融機関が負う守秘義務は，民法に明文で定められている。

(2)　守秘義務に違反すると，契約違反としての債務不履行または不法行為に該当し，損害賠償責任が発生する可能性がある。

(3)　税務当局による任意の税務調査は，その調査が適法であれば，金融機関が当該調査に協力しても守秘義務に違反しない。

(4)　金融機関が顧客に対して法的措置をとる場合，裁判所へ顧客の資産状況などを提出する行為は，正当な理由に該当し守秘義務は免除されるが，その範囲には限界がある。

解答ポイント＆正解

守秘義務の根拠に関して，民法上，守秘義務に関する明文の規定はない。よって，(1)は適切でなく，これが本問の正解である。

守秘義務に違反すると，契約違反としての債務不履行または不法行為に該当し，損害賠償責任が発生する可能性がある。よって，(2)は適切である。

税務当局による任意の税務調査は，その調査が適法であれば，金融機関が当該調査に協力しても守秘義務に違反しない。よって，(3)は適切である。

裁判所へ顧客の資産状況などを証拠または疎明資料として提出する場合は，金融機関の権利行使に必要な限度で守秘義務が免除される。よって，(4)は適切である。

正解：(1)　正解率：44.80%
(公式テキスト) 第2編3-5「守秘義務」

問−13　権利の濫用

権利の濫用に関する記述について，適切なものは次のうちどれですか。

(1)　顧客が有する複数の定期預金の１つが差し押さえられた場合において，当該顧客の依頼により，当該顧客に対する融資債権と被差押預金債権を相殺することは，権利の濫用に該当しない。

(2)　年金受給権は差押えが禁止されているが，金融機関が融資債権を回収するために，年金が振り込まれた預金口座に係る預金債権を受働債権として相殺することは，権利の濫用に該当しない。

(3)　取引先の依頼により，信用が著しく悪化した預金先が振り出した約束手形をあえて割り引いて，当該預金先に対する手形債権と預金債務とを相殺することは，権利の濫用に該当しない。

(4)　割引のために顧客から預かった約束手形を，当該顧客が破産手続開始の申立てをしたことを理由として，割引を実行せず当該約束手形を取立てに回したうえ，取立金の返還債務と当該顧客に対する融資債権を相殺することは，権利の濫用に該当する。

解答ポイント＆正解

顧客が複数の預金を有している場合において，金融機関が差し押さえられていない預金債権との相殺によって融資債権の回収を図ることができるにもかかわらず，顧客の依頼により，あえて差し押さえられた預金債権と相殺する行為は，「狙い撃ち相殺」として，権利の濫用に該当する。よって，(1)は適切でない。

年金受給権は，受給者の生活の保障を実質的に確保するために，差押えが禁止されている。そこで，年金が振り込まれた預金口座が差押禁止の属性を有するか否か，また，年金の受取口座の取扱金融機関が受給者に対して債権を有する場合に，その相殺が可能か否かが問題となる。判例は，給付金が受給者の預金口座に振り込まれると，それは受給者の預金債権に転化し，受給者の一般財産になるから，当該預金債権は原則として差押等禁止債権としての属性を承継せず，したがって，これを受働債権とする相殺は許されないとはいえないとしている。よって，⑵は適切であり，これが本問の正解である。

金融機関は，相殺適状にある限り，割り引いた約束手形の振出人に対する手形債権と振出人の当該金融機関に対する預金債権とを相殺することができる。しかしながら，約束手形の所持人が，振出人の信用が著しく悪化したことを知って，手形債権と預金債権との相殺を期待して金融機関に割引を依頼し，当該金融機関もその事情を知りながら手形を割り引くことは，「駆け込み割引」として権利の濫用に該当すると考えられている。よって，⑶は適切でない。

金融機関は，融資先との間で，「貴行に対する債務を履行しなかった場合には，貴行の占有している私の動産，手形その他の有価証券は，貴行において取立または処分することができるものとし，この場合もすべて…（略）…準じて取り扱うことに同意します」旨の記載がある約定書を取り交わしているのが一般的である。金融機関は，この合意にもとづき，割引のために預かっていた手形を交換制度によって取り立てて，融資債権の弁済に充当することができるとされている。よって，⑷は適切でない。

正解：⑵

正解率：52.89%

公式テキスト 第2編3-2「権利濫用の禁止・公序良俗違反」

問−14 公序良俗違反

公序良俗違反に関する記述について，適切でないものは次のうちどれですか。

⑴ 違法な賭博営業設備の建築資金として使われることを知って金融機関が融資を実行した場合，当該融資も公序良俗違反であり無効となる。

⑵ 融資した資金がいわゆるヤミ金融業者に転貸されることを知らない

で金融機関が融資した場合には，当該融資自体は公序良俗に違反するとはいえず，無効であるとはいえない。

(3) 保証人がその主債務の発生原因である融資契約が公序良俗に反し無効であることを知らなかった場合でも，当該保証は無効である。

(4) 融資した資金が公序良俗に違反する使途に使用されることを知って融資をした場合，融資契約にもとづいて金銭の返還を請求することはできないが，原則として不当利得にもとづく返還請求は可能である。

解答ポイント＆正解

違法な賭博営業は反社会性の強い行為であり，違法な賭博営業設備を建設するための資金の供与も反社会性の強い行為であるから，これを目的とする融資契約は公序良俗に反し無効である。金融機関において，融資金が違法な賭博営業の設備投資に使われることを知っていたときは，違法な設備投資を目的とする融資契約は公序良俗に反し，無効であるといえる。よって，(1)は適切である。

ヤミ金融業者とは，違法な高金利を取って営業をしたり違法な取立てを行ったりする悪質な金融業者である。しかし，違法な目的に使用されることを知らないで融資をした場合は，当該融資自体は公序良俗に反するとはいえず，有効である。よって，(2)は適切である。

被保証債権の原因である融資契約が公序良俗に反し無効である場合には，保証人がそのことを知っているか否かにかかわらず，保証の付従性により，当該保証も無効になる。よって，(3)は適切である。

公序良俗に違反する使途に使用されることを知って締結された融資契約は無効であり，金融機関は，融資契約にもとづく金銭の返還請求はできないが，融資金相当額の不当利得の返還請求権を取得する。ただし，この融資金相当額（不当利得）は不法な原因のための給付であり，このような給付をした者の救済に手を貸すのは適当ではないため，その融資金相当額（不法原因給付）の返還請求は原則としてできない。よって，(4)は適切でなく，これが本問の正解である。

正解：(4)

正解率：56.58%

公式テキスト 第2編3-2「権利濫用の禁止・公序良俗違反」

問ー15 融資契約

融資契約に関する記述について，適切でないものは次のうちどれですか。

(1) 書面でする金銭消費貸借契約は，書面上の合意によってその効力を生じ，金融機関が融資義務を負担することになる。

(2) 書面でする金銭消費貸借契約の効力が生じた場合，金融機関および借主は，一方的に当該契約を解除することはできなくなる。

(3) 金融機関が融資証明書を発行して融資の約束をした場合，一方的に融資の約束を破棄した金融機関は，不法行為責任を負う可能性がある。

(4) 金融機関が，為替リスクを伴う融資商品について，為替リスクの内容やそのリスクヘッジの方法等の説明を怠り融資した結果，債務者が為替差損等の損害を被った場合は，金融機関は説明義務違反の責任を問われるおそれがある。

解答ポイント＆正解

書面でする金銭消費貸借契約は，金融機関が金銭の引渡しを約し，借主がその受け取った金銭と種類・品質・数量の同じ金銭をもって返還を約することによって，その効力を生ずる。これにより，金融機関は融資義務を負担することになる。よって，(1)は適切である。

書面でする金銭消費貸借契約の効力が生じたとしても，借主は，金融機関から金銭を受け取る前であれば，契約を解除することができる。よって，(2)は適切でなく，これが本問の正解である。

金融機関が融資証明書を発行して融資の約束をした場合，一方的に融資の約束を破棄した金融機関は，不法行為責任を負う可能性がある。よって，(3)

は適切である。

金融機関が，為替リスクを伴う融資商品について，為替リスクの内容やそのリスクヘッジの方法等の説明を怠り融資した結果，債務者が為替差損等の損害を被った場合は，金融機関は説明義務違反の責任を問われるおそれがある。よって，(4)は適切である。

正解：(2)

正解率：50.59%

公式テキスト 第2編3-1「貸手責任・信義誠実の原則」

問―16 使用者責任

使用者責任に関する記述について，適切なものは次のうちどれですか。

(1) 人材派遣会社による派遣を受けた店頭サービス係員の過失により，顧客が金融機関のATMコーナーで怪我をした場合，当該係員は当該金融機関の被用者ではないから，当該金融機関は使用者責任を負うことはない。

(2) 金融機関がその職員の行為に関して使用者責任を負う場合，被害者が金融機関に対して損害賠償を請求するためには，直接の加害者である職員に対しても必ず損害賠償を請求する必要がある。

(3) 使用者責任は，被害者保護のために設けられた制度であるから，被害者に何らかの落ち度がある場合でも，使用者である金融機関が過失相殺を主張することは許されない。

(4) 使用者責任を負った金融機関が被害者に対して損害を賠償した場合，当該金融機関は不法行為を行った職員から，常に賠償額と同額の求償金を得られるとは限らない。

解答ポイント＆正解

使用者と被用者との使用関係は，委任契約や雇用契約がある場合に限られず，指揮・監督関係がある場合，たとえば，アルバイト，パートタイマーまたは試用期間中の者についても認められうる。人材派遣会社からの派遣を受けた店頭サービス係員は，金融機関と直接の雇用関係はないとしても，もっぱら金融機関の指揮・監督に服しているといえるから，使用関係が認められる。よって，⑴は適切でない。

使用者が使用者責任を負う場合には，被用者も不法行為責任を負っている。この被用者の不法行為責任と使用者責任とは，被害者保護の観点から，いわゆる不真正連帯債務の関係にあり，使用者・被用者の１人について生じた事由は，債権を満足させるものを除き，他の者の債務に影響を及ぼさないと解されている。したがって，債権者は，使用者・被用者のいずれに対しても請求することができる。よって，⑵は適切でない。

使用者責任は被害者保護のために設けられた制度であるが，損害の公平な分担の観点から，被害者に何らかの落ち度がある場合には，過失相殺が認められる。よって，⑶は適切でない。

使用者は，被害者に対して損害を賠償した場合，不法行為を行った被用者に対して求償することができる。しかしながら，損害の公平な分担という観点から，使用者が被用者に対して求償できるのは損害の全額ではなく，信義則上相当と認められる範囲に制限されると解されている。よって，⑷は適切であり，これが本問の正解である。

正解：⑷

正解率：87.70%

公式テキスト　第2編3-6「使用者責任」

相続

相続に関する記述について，適切でないものは次のうちどれですか。

⑴　自筆証書遺言保管制度により遺言書保管所に保管されている遺言については，相続発生後の家庭裁判所の検認手続は不要である。

⑵　預金者の死亡の事実が確認された場合，金融機関はただちに預金の入出金停止の措置をとる必要がある。

(3) 相続人から法定相続情報証明制度にもとづく法定相続情報一覧図（写し）を受け入れた場合でも，相続人の範囲を確定するための，被相続人の出生から死亡までの連続した戸籍謄本等をあらためて受け入れる必要がある。

(4) 共同相続人の１人から被相続人の預金の残高証明書の発行依頼を受けた場合は，これに応じても問題ない。

解答ポイント＆正解

自筆証書遺言保管制度を利用していた場合は，相続発生後の家庭裁判所の検認手続は不要である。よって，(1)は適切である。

預金者の死亡の事実が確認された場合，金融機関はただちに預金の入出金停止の措置をとる必要がある。よって，(2)は適切である。

法定相続情報証明制度にもとづく法定相続情報一覧図（写し）があれば，これにより相続関係を証明することができる。したがって，法定相続情報一覧図（写し）を受け入れた場合は，被相続人の出生から死亡までの連続した戸籍謄本等をあらためて確認する必要はない。よって，(3)は適切でなく，これが本問の正解である。

共同相続人の１人から被相続人の預金の残高証明書の発行依頼を受けた場合は，これに応じても問題ない。よって，(4)は適切である。

正解：(3)　正解率：77.37%

取引約款

取引約款に関する記述について，適切なものは次のうちどれですか。

(1) 不正目的で利用された普通預金口座を強制解約するため，届出の氏名・住所に宛てて解約通知を発信した場合，当該通知が相手方に送達された時に解約の効力が生じる。

⑵　民法上の定型約款に該当するものとしては，金融機関の預金規定やカードローン規定，保険約款，金銭消費貸借契約証書などがある。

⑶　顧客が預金口座の申込書に記載された「所定の預金規定を承認して口座を開設する」等の文言に同意して申込をし，預金口座が開設されたときは，預金規定の個別の条項についても合意したものとみなされる。

⑷　預金規定に暴力団排除条項が追加された場合，預金者との個別の合意がなければ，追加前に締結された預金契約に暴力団排除条項の効力は及ばない。

解答ポイント＆正解

不正目的で利用された普通預金口座を強制解約する場合，届出の氏名・住所に宛てて解約通知を発信した時に解約の効力が生じる。よって，⑴は適切でない。

金銭消費貸借契約証書は，民法上の定型約款には該当しない。よって，⑵は適切でない。

顧客が預金口座の申込書に記載された「所定の預金規定を承認して口座を開設する」等の文言に同意して申込をし，預金口座が開設されたときは，預金規定の個別の条項についても合意したものとみなされる。よって，⑶は適切であり，これが本問の正解である。

預金規定に暴力団排除条項が追加された場合，同条項が追加される前に締結された預金契約に対しても，同条項が適用されるとする裁判所の判断がある。よって，⑷は適切でない。

正解：⑶　**正解率：68.75%**

問−19 情実融資

情実融資に関する記述について，適切なものの組合せは次のうちどれですか。

(a) 取引先から接待を受けたために融資を拒絶できず，担当者が虚偽の稟議を起案して融資を実行した結果，当該融資が回収不能となった場合，当該担当者は民事上の責任を負うことになるが，刑事上の処罰の対象とはならない。

(b) 情実融資につながる過度な接待を防止するためには，組織として，接待を受けうる場合や接待を受ける場合の手続等，ルール化を図っておくことが重要である。

(c) 金融機関の担当者が取引先と個人的に親密な関係を構築していたとしても，当該取引先からの融資の申込にあたり，融資基準を甘くしたり，手心を加えることなく，当該金融機関内の融資基準に則って融資実行の判断をするのであれば，情実融資として問題となるものではない。

(d) 銀行の担当者が，取引先から物品を受領することは，その目的がお中元やお歳暮，あるいは儀礼的な贈答としての目的であって，金額や中身が世間の常識から外れるものでなかったとしても，収賄罪に該当する。

(1) (a)，(b)
(2) (b)，(c)
(3) (c)，(d)
(4) (a)，(d)

解答ポイント＆正解

金融機関の事務を行う者が，取引先の利益を図るために，任務に違背する行為を行って，損害を与えた場合には，背任罪等が成立する余地がある。

よって，(a)は適切でない。

情実融資につながる過度な接待を防止するためには，接待の相手や頻度，理由等を明確にし，事前の承認・報告等，一定の手続を設けることで，組織として当該接待が過度とならないよう，その管理をすることが肝要である。よって，(b)は適切である。

情実融資とは，本来であれば償還能力等に問題があって融資できないような案件について，取引先から接待等を受け，金融機関の担当者等が取引先と個人的に親密な関係が生じたため，融資基準を甘くして融資することをいうが，担当者等と取引先に親密な関係ができたとしても，融資の判断自体が当該金融機関内の正当な基準にもとづきなされる場合には，情実融資として問題となるものではない。よって，(c)は適切である。

会社の役員等が，その職務に関し，不正の請託を受けて，財産上の利益を収受し，またはその要求もしくは約束をしたときは，会社法上の贈収賄罪が成立する余地があるが，不正な請託の目的なくなされた世間の慣習や儀礼にもとづく贈答はこれに該当するものではない。よって，(d)は適切でない。

以上より，(2)が本問の正解である。

正解：(2)

正解率：79.93%

公式テキスト **第2編5-2「贈収賄罪」**

仮装払込

仮装払込に関する記述について，適切なものは次のうちどれですか。

(1) 募集設立の場合はもちろん，発起設立や増資払込の場合でも，払込取扱金融機関の役職員が発起人等と通謀するなどして預合いに加担した場合は，応預合罪に問われるだけでなく，公正証書原本不実記載罪に問われるおそれもある。

(2) 株式払込金の融資をする場合，通常の返済能力の審査を行えば足り，融資金が仮装払込となるおそれがないかどうかまでチェックする必要はない。

(3)　発起設立において，発起人が払込取扱金融機関以外の者から借財をし，株式の払込の仮装のため，これを払込取扱金融機関に一時的に払い込み，設立登記完了後にこれを引き出して借財の返済に充てた場合，払込取扱金融機関の役職員は，たとえ仮装払込の事実を知らなかったとしても，公正証書原本不実記載罪に問われる可能性がある。

(4)　株式払込金保管証明書を発行した払込取扱金融機関は，払込がなかったことをもって会社に対抗することはできないが，払い込まれた金銭の返還に関する制限があるときには当該事実を会社に対抗することができる。

解答ポイント＆正解

募集設立の場合はもちろん，発起設立や増資払込の場合でも，払込取扱金融機関の役職員が発起人等と通謀するなどして預合いに加担した場合は，応預合罪に問われるだけでなく，公正証書原本不実記載罪に問われるおそれもある。よって，(1)は適切であり，これが本問の正解である。

株式払込金の融資をする場合は，通常の返済能力の審査だけでなく，融資金が仮装払込となるおそれがないかどうかチェックすることが必要である。よって，(2)は適切でない。

発起設立において，発起人が払込取扱金融機関以外の者から借財をし，株式の払込の仮装のため，これを払込取扱金融機関に一時的に払い込み，設立登記完了後にこれを引き出して借財の返済に充てた場合（見せ金），当該発起人は公正証書原本不実記載罪に問われる可能性があるが，払込取扱金融機関の役職員は，仮装払込の事実を知らなかったのであれば刑罰の対象とならない。よって，(3)は適切でない。

株式払込金保管証明書を発行した払込取扱金融機関は，払込がなかったこと，または払い込まれた金銭の返還に関する制限があることをもって，会社に対抗することができない。よって，(4)は適切でない。

正解：(1)

正解率：63.29%

公式テキスト 第2編4-1「仮装払込」

利益相反取引

利益相反取引に関する記述について，適切でないものは次のうちどれですか。

(1) 銀行法は，銀行の取締役が当該銀行から信用供与を得る際に必要な取締役会決議の要件を，会社法における利益相反取引の要件と比べ加重している。

(2) 取締役会設置会社であるＡ株式会社の取締役Ｂが，Ｃ株式会社（Ａ社と資本関係はない）の唯一の代表取締役である場合において，Ｘ金融機関のＣ社に対する融資についてＡ社が保証するときは，Ａ社は取締役会においてその承認決議をする必要があるが，ＢはＡ社の取締役会の決議に加わることができない。

(3) 会社法の規定に反して利益相反取引がなされた場合の効力については，会社と取締役との間の直接取引は無効であるが，直接取引でも利害関係ある第三者がいる場合や間接取引の場合は，常に有効である。

(4) Ｄ株式会社が同社の取締役Ｅに対して，同社所有の土地を売却する行為は，利害関係のない不動産鑑定士による鑑定評価額以上の金額で売買する場合であったとしても，利益相反取引に該当する。

解答ポイント＆正解

会社法上，取締役会の決議は，議決に加わることのできる取締役の過半数が出席し，その過半数をもって行うとされているところ，銀行法では，銀行の取締役が当該銀行から信用供与を得るには，出席した取締役の３分の２以上にあたる多数をもって決議しなければならないとされている。よって，(1)は適切である。

Ｘ金融機関のＣ社（Ｂは唯一の代表取締役）に対する融資について，取締役会設置会社であるA社（Bは取締役）がこれを保証する場合には，A社とC社との間の利益が相反する取引にあたることになるから，A社は取締役会においてその承認決議をする必要がある。その際，Bは，特別の利害関係を有する取締役であるから，A社の当該取締役会の決議に加わることはできない。よって，⑵は適切である。

会社法の規定に違反して利益相反取引がなされた場合の当該取引の効力は，会社と取締役との間の直接取引については無効である。しかし，直接取引であっても利害関係ある第三者がいる場合，および間接取引の場合には，会社が当該第三者や間接取引の相手方の悪意（取締役会または株主総会の承認がないことを知っていたこと）を立証しない限り有効であると解釈するのが判例・通説である（相対的無効説）。したがって，常に有効とされるわけではない。よって，⑶は適切でなく，これが本問の正解である。

D社が同社所有の土地を，取締役Eに売却する行為は利益相反取引に該当する。このことは，売買代金が利害関係のない不動産鑑定士による鑑定評価額以上の金額であったとしても，利益相反取引であることに変わりはない。よって，⑷は適切である。

正解：⑶

正解率：62.11%

公式テキスト **第1編2-1「取締役・取締役会の義務と責任」**

2023年6月（第59回）

問―22 手形・小切手

手形・小切手に関する記述について，適切でないものは次のうちどれですか。

⑴ 約束手形の裏書欄に裏書人の記名捺印があれば，裏書日や裏書人の住所，被裏書人欄の記載がなくても，裏書の効力が認められる。

⑵ 小切手の支払人である金融機関は，振出人に対しては支払委託契約上の義務を負うが，受取人等の当該小切手の所持人に対して小切手法上の支払義務を負うことはない。

⑶ 裏判がある線引小切手について，当座勘定規定に従い持参人（未取

引先）に支払った金融機関は，小切手法上の損害賠償責任を問われるおそれがある。

(4) 振出日または受取人欄が白地の約束手形を取り立てて不渡返還された場合，取立依頼人は，当該白地を補充すれば裏書人に対して遡求権を行使できる。

解答ポイント＆正解

約束手形の裏書欄に裏書人の記名捺印があれば，裏書日や裏書人の住所，被裏書人欄の記載がなくても，裏書の効力が認められる。よって，(1)は適切である。

小切手の支払人である金融機関は，振出人に対しては支払委託契約上の義務を負うが，受取人等の当該小切手の所持人に対して小切手法上の支払義務を負うことはない。よって，(2)は適切である。

裏判がある線引小切手について，当座勘定規定に従い持参人（未取引先）に支払った金融機関は，小切手法に違反したことになり，損害賠償責任を問われるおそれがある。よって，(3)は適切である。

振出日または受取人欄が白地の約束手形による支払呈示は無効であり，支払呈示後に白地を補充しても，呈示の時にさかのぼって有効とはならない。この場合，手形の所持人（取立依頼人）は，裏書人等の遡求義務者に対する手形上の権利（遡求権）を行使することはできない。よって，(4)は適切でなく，これが本問の正解である。

正解率：61.38%

公式テキスト 第2編4-4「手形・小切手」

問－23 文書偽造

文書偽造に関する記述について，適切でないものは次のうちどれですか。

(1) 実際には存在しない人の名義で普通預金口座開設申込書に署名押印

した場合，その文書により権利義務が帰属する者が存在しないから，私文書偽造罪は成立しない。

(2)　幅広い世代向けに金融教育をすることを目的とするＮＰＯ法人の理事が，その教育の際に具体例として使用するために，実在する金融機関名義の預金証書を作成することは，当該金融機関の承諾を得なくても，私文書偽造罪は成立しない。

(3)　金融機関の職員が，顧客の依頼を受けて，預金払戻請求書に顧客の名義を署名しても，私文書偽造罪は成立しない。

(4)　消費者金融会社の自動契約機を通じて融資契約を締結するために，他人の源泉徴収票の氏名欄を改ざんしてスキャナーに読み取らせ，消費者金融会社のモニター画面に表示させた場合，私文書偽造罪が成立する。

解答ポイント＆正解

私文書偽造罪の保護法益は，文書に対する公共の信用であるが，文書の名義人が架空人であっても，文書に対する公共の信用は害される。したがって，架空人の名義の文書についても，私文書偽造罪は成立する。よって，(1)は適切でなく，これが本問の正解である。

預金証書は「権利義務に関する文書」であり，名義人である金融機関の承諾を得ないで預金証書を作成する行為は「偽造」に該当するが，幅広い世代向けに金融教育をするための具体例として預金証書を利用する目的については「行使の目的」があるとは言えない。よって，(2)は適切である。

私文書偽造罪にいう「偽造」とは，権限がないにもかかわらず，他人名義の文書を作成することである。したがって，法律上自署が義務付けられる文書でない限りは，名義人の同意を得て文書に署名する行為は「偽造」には該当しない。よって，(3)は適切である。

私文書偽造罪にいう「文書」とは原本に限らず，写しもまた偽造罪の対象となる文書性を有する。公文書偽造罪に関するものであるが，判例は，「たとえ原本の写であっても，原本と同一の意識内容を保有し，証明文書としてこれと同様の社会的機能と信用性を有するものと認められる限り，これに含まれるものと解するのが相当である。…（略）…写真コピーは，写ではあるが，複写した者の意識が介在する余地のない，機械的に正確な複写版であって，…（略）…原本と同程度の社会的機能と信用性を有するものとされている場合が多い」としている。スキャナーは原本を機械的に正確に複写し，それがモニター画面に機械的に表示されており，モニター画面の表示は原本と同程度の社会的機能と信用性を有するといえる。そして，会社が作成する源泉徴収票は，被用者への支払給与総額，源泉徴収額などの事実証明に関する文書であり，私文書偽造罪の対象である。よって，⑷は適切である。

正解：(1)

正解率：72.11%

公式テキスト **第2編5-1「文書偽造等」**

問－24 業務上横領罪

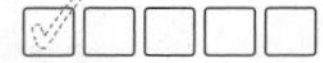

金融機関職員の次の行為のうち，業務上横領罪が成立するものはどれですか。

⑴　案内係が，自店のATMコーナーに置き忘れられていた現金を自己のクレジットカード代金を決済するために一時的に使用したが，給与を受け取った後に，現金が置き忘れられていた旨を支店長に申し出て，同額の現金を支店長に渡した。

⑵　取引先課員が，顧客から借入金返済のために現金を預かったものの，自己のクレジットカード代金を決済するために流用し，２日後に顧客の預金口座に同額の現金を入金した。

⑶　融資課員が，支店長の管理する金庫から，融資先が担保として差し入れた約束手形を無断で持ち出して，自己の借入金の担保として消費者金融に差し入れた。

⑷　本部の職員が，部長が管理する新商品開発に関する機密情報を他の金融機関に不正に売却するため，当該機密情報が記録されたDVDを部長のキャビネットから密かに取り出して，自席のパソコンでUSB

メモリーにコピーした。

解答ポイント＆正解

案内係にとって，自店のATMコーナーに置き忘れられていた現金が他人の物であることは言うまでもない。案内係がその現金を業務上占有していたかどうか問題になりうるが，案内係はロビーにおいて案内業務を行うだけであり，ATMコーナー全般について管理権限を有しているとはいえない。よって，⑴の行為について，業務上横領罪は成立しない。

取引先課員が顧客から現金を預かったとき，現金の「占有」を取得したといえ，金融機関職員としての地位にもとづいて反復・継続して行われる「業務」にあたる。流用した日数がわずか２日間であるとしても，業務上横領罪の成立を妨げるものではない。よって，⑵の行為について，業務上横領罪が成立し，これが本問の正解である。

融資先が担保として差し入れた約束手形は，当該融資先の財産であるから，融資課員にとって他人の物である。そして，当該約束手形を保管し業務上占有しているのは支店長であって，融資課員ではない。よって，⑶の行為について，業務上横領罪は成立しない。

機密情報が記録されたDVDは，金融機関の所有物であり，他人の物である。しかし，DVDの管理権限は，行為を行った職員ではなく，部長にあるため，「自己の占有する」という要件を満たさない。よって，⑷の行為について，業務上横領罪は成立しない。

正解：⑵　正解率：73.09%

公式テキスト　第2編5-5「横領罪」

問ー25　背任罪

☑□□□□□

金融機関職員の背任罪に関する記述について，適切なものは次のうちどれですか。

⑴　自己の利益を図る目的があったといえるためには，自己の地位を守

るといった非財産的な利益を図る目的では足りず，財産上の利益を図る目的が必要である。

(2)　金融機関の職員が債権の保全措置が必ずしも十分とはいえない担保によって融資をした場合には，その事情の如何を問わず背任罪が成立する。

(3)　背任罪が成立するためには，自己もしくは第三者の利益を図る目的があり，かつ，本人（金融機関）に損害を加える目的があることが必要である。

(4)　金融機関の職員が，回収の見込みのない融資を行った場合には，金融機関に財産上の損害が発生したといえるので，融資を実行した時点で背任罪が成立する可能性がある。

解答ポイント＆正解

背任罪における「図利・加害目的」のうち「図利目的」とは，必ずしも財産的利益に限られず，自己の地位を守るといった身分上の利益（非財産的な利益）も含むものと解されている。よって，(1)は適切でない。

金融機関の職員が債権の保全措置が十分でない融資を行った場合であっても，その事情を問わず必ず背任罪が成立するわけではない。たとえば，スタートアップ企業などにおいては，そもそも十分な物的担保を徴求できない場合も多い。よって，(2)は適切でない。

背任罪の要件は，①他人のためにその事務を処理する者が，②自己もしくは第三者の利益を図り，または本人に損害を加える目的（図利・加害目的）で，③その任務に背く行為をし，④本人に財産上の損害を加える，こととされている。要件②の「図利・加害目的」は，図利目的または加害目的のいずれかがあれば足り，両者を常に必要とするものではない。よって，(3)は適切でない。

回収の見込みのない融資を行った場合，たとえ金融機関が融資先に対して貸金債権を有していても，現実に回収が困難であれば，融資を実行した時点で財産上の損害があったと評価されることがあり，回収不能という結果を待つまでもなく背任罪が成立する可能性がある。よって，(4)は適切であり，これが本問の正解である。

正解：(4)　正解率：46.64%

公式テキスト　第2編4-2「特別背任罪（背任罪）」

電子計算機使用詐欺罪

電子計算機使用詐欺罪に関する記述について，適切でないものは次のうちどれですか。

(1)　入出金データの入力を任されている金融機関の職員が，自身の借入れの返済に窮し，端末機から虚偽の入金および振込データを入力して預貯金の元帳ファイルにその旨の記録を作出した場合，電子計算機使用詐欺罪が成立する。

(2)　入金伝票を偽造して処分権限のある振替係員を欺いて，端末機から架空の送金処理をさせた場合，電子計算機使用詐欺罪が成立する。

(3)　医療費の還付金を受け取ることができると誤信させた高齢者に指示してATMを作動させ，振込送金の操作と気づかせないまま，みずからが管理する預貯金口座に振込送金させた場合，電子計算機使用詐欺罪が成立する。

(4)　金融機関の職員が，金融機関名義で，取引先への回収の見込みのない不正融資のためにオンラインシステムの端末を操作して当該取引先名義の口座へ貸付金を入金処理した場合，電子計算機使用詐欺罪は成立しない。

解答ポイント＆正解

経済的実体を伴わない「虚偽の情報」で「財産上不法の利益を得」ているので，電子計算機使用詐欺罪が成立する。よって，(1)は適切である。

電子計算機使用詐欺罪は詐欺罪の適用対象とならない行為を処罰しようとするもので，詐欺罪が成立する場合，本罪は成立しない。コンピュータによる事務処理の過程に人が介在し，その人に対する詐欺行為と処分行為が認められる場合には，詐欺罪が成立し，本罪は成立しない。よって，⑵は適切でなく，これが本問の正解である。

被害者はお金を振り込む意思がなかったことから「虚偽の情報」を金融機関のコンピュータに入力させたものといえ，電子計算機使用詐欺罪が成立する。よって，⑶は適切である。

不正融資が背任になるとしても，貸付行為自体は民法上有効であるため，電子計算機に与えられた情報は虚偽のものとはいえず，また作出された電磁的記録も不実のものとはいえないことから，上記処理の行為に電子計算機使用詐欺罪は成立しない。よって，⑷は適切である。

正解：(2)

正解率：12.04%

公式テキスト 第2編5-4「詐欺罪・窃盗罪」

問−27 公正証書原本不実記載罪

公正証書原本不実記載罪（電磁的公正証書原本不実記録罪を含む）に関する記述について，適切でないものは次のうちどれですか。

⑴ 公正証書原本不実記載罪の客体である公正証書の原本とは，公務員がその職務上作成する文書である不動産登記簿，商業登記簿および戸籍簿の原本をいい，公証人の作成する公正証書の原本はこれに含まれない。

⑵ 不動産の贈与を受けたにもかかわらず，取得原因を偽って，売買により取得した旨の登記申請を行い，そのような登記がされた場合には，公正証書原本不実記載罪が成立する。

⑶ 不動産が甲から乙に譲渡されたものの所有権移転登記が未了のため，登記上の所有名義人は甲であった不動産について，甲が不実の抵当権設定仮登記の登記申請を行い，そのような登記がされた場合には，公正証書原本不実記載罪が成立する。

(4)　不動産の所有権を移転する意思がないにもかかわらず，不動産の譲渡を仮装し，所有権の移転登記申請を行い，そのような登記がされた場合には，公正証書原本不実記載罪が成立する。

解答ポイント＆正解

権利もしくは義務に関する公正証書の原本とは，公務員がその職務上作成する文書であって，権利義務に関するある事実を証明する効力を有するものをいう。これには公証人の作成する公正証書の原本も含まれる。よって，(1)は適切でなく，これが本問の正解である。

不動産登記における取得原因は不動産の権利義務関係に影響を与えるので，現在の所有者が一致していても，取得原因を偽った登記申請を行い，そのような登記がされた場合には，公正証書原本不実記載罪が成立する。よって，(2)は適切である。

登記原因である抵当権設定契約は虚偽であり，抵当権設定仮登記は不実であるから，公正証書原本不実記載罪が成立する。よって，(3)は適切である。

不動産の譲渡があった旨の虚偽の登記申請を行い，そのような登記がされた場合には，公正証書原本不実記載罪が成立する。よって，(4)は適切である。

正解：(1)　正解率：81.18%

公式テキスト　第2編5-1「文書偽造等」

優越的地位の濫用

優越的地位の濫用に関する記述について，適切でないものは次のうちどれですか。

(1)　優越的地位の濫用については，課徴金納付命令の対象とされていない。

(2)　金融機関が取引先である相手方に対して取引上の地位が優越しているかどうかの判断にあたっては，相手方の自己に対する取引依存度，自己の市場における地位，相手方にとっての取引先変更の可能性，その他自己と取引することの必要性を示す具体的事実を総合的に考慮する必要がある。

(3)　融資先の要請により，経営改善支援の一環として融資先に従業員を役員として派遣する場合，この派遣自体は不当とはいえない。

(4)　金融機関がFinTechを活用した電子決済サービス等のデジタル・プラットフォームを提供する場合には，一般消費者との取引において優越的地位の濫用規制の適用対象となる。

解答ポイント＆正解

優越的地位の濫用は，原則，課徴金納付命令の対象となる。よって，(1)は適切でなく，これが本問の正解である。

金融機関が取引先である相手方に対して取引上の地位が優越しているかどうかの判断にあたっては，相手方の自己に対する取引依存度，自己の市場における地位，相手方にとっての取引先変更の可能性，その他自己と取引することの必要性を示す具体的事実を総合的に考慮する必要がある。よって，(2)は適切である。

金融機関が取引上の地位を不当に利用して融資先の役員選任に干渉することは優越的地位の濫用に該当する可能性があるが，融資先の要請にもとづき役員を派遣する場合や，経営改善支援の一環として派遣する場合は，役員派遣それ自体は不当ではないと解されている。よって，(3)は適切である。

金融機関がFinTechを活用した電子決済サービス等のデジタル・プラットフォームを提供する場合には，一般消費者との取引において優越的地位の濫用規制の適用対象となる。よって，(4)は適切である。

正解：(1)　**正解率：50.79%**

(公式テキスト) **第2編6-2「不公正な取引方法」**

問―29 適合性の原則

金融商品取引法における適合性の原則に関する記述について，適切でないものは次のうちどれですか。

⑴　金融商品取引業者等は，顧客が望むからといって，その顧客に適合しない金融商品を販売してはならない。

⑵　適合性の原則は，取引の相手方が特定投資家である場合にも適用される。

⑶　金融商品取引業者等は，適合性の原則に違反して顧客に損害を与えた場合，損害賠償義務を負うことがあるが，それにより刑罰を科されることはない。

⑷　金融商品取引業者等は，適合性の原則に違反した場合，業務改善命令等の行政処分を受ける可能性がある。

解答ポイント＆正解

金融商品取引業者等は，適合性の原則を貫徹するため，顧客の属性を知り，その顧客に適合した金融商品を勧誘することが必要である。よって，⑴は適切である。

特定投資家は，投資について豊富な専門知識をもっており，みずから適切な投資判断ができるため，適合性の原則は，特定投資家には適用されない。よって，⑵は適切でなく，これが本問の正解である。

金融商品取引業者等は，適合性の原則に違反して顧客に損害を与えた場合，損害賠償義務を負うことがあるが，それにより刑罰を科されることはない。よって，⑶は適切である。

金融商品取引業者等は，適合性の原則に違反した場合，業務改善命令等の行政処分を受ける可能性がある。よって，⑷は適切である。

正解：⑵

正解率：79.14％

(公式テキスト) **第2編7-3「登録金融機関の行為規制」**

断定的判断の提供

断定的判断の提供に関する記述について，適切でないものは次のうちどれですか。

(1) 断定的判断の提供により勧誘を行い，結果的にその判断が正しかった場合でも法令違反となる。

(2) 断定的判断の提供が違法となるには，「必ず」「絶対」といった表現を用いることは必須の要件ではない。

(3) 断定的判断の提供の禁止に違反した場合，民事上の責任を負うことはないが，業務改善命令等の行政処分を受ける可能性がある。

(4) 断定的判断の提供が違法となるのは，これによって顧客の自由かつ自主的な投資判断が妨げられるからである。

解答ポイント＆正解

断定的判断の提供により勧誘を行い，結果的にその判断が正しかった場合であっても法令違反の責任を免れるわけではない。よって，(1)は適切である。

断定的判断の提供が違法となるには，「必ず」「絶対」といった表現を用いることは必須の要件ではない。よって，(2)は適切である。

断定的判断の提供の禁止に違反した場合，民事上の責任を負う可能性があることに加え，業務改善命令等の行政処分を受ける可能性がある。よって，(3)は適切でなく，これが本問の正解である。

断定的判断の提供が違法となるのは，これによって顧客の自由かつ自主的な投資判断が妨げられるからである。よって，(4)は適切である。

正解：(3)

正解率：76.18%

公式テキスト 第2編7-3「登録金融機関の行為規制」

投資信託の販売

投資信託の販売に関する記述について，適切でないものは次のうちどれですか。

⑴　投資信託の販売を行う金融機関は，日本証券業協会の自主規制規則にもとづいて，内部管理統括責任者・営業責任者・内部管理責任者を置かなければならない。

⑵　特定の顧客に対して，所定の優遇金利を下回る特別の優遇金利での融資を約束して投資信託の購入を勧誘することは許されない。

⑶　金融機関の職員は，外務員資格試験に合格すれば，ただちに投資信託の販売を行うことができるわけではない。

⑷　投資信託の販売においては，目論見書をあらかじめ，または契約締結後すみやかに交付しなければならない。

解答ポイント＆正解

投資信託の販売を行う金融機関は，内部管理統括責任者・営業責任者・内部管理責任者を置かなければならない。これは，日本証券業協会の自主規制規則にもとづくものである。よって，⑴は適切である。

金融商品取引業者等の行為規制として，顧客もしくはその指定した者に対し，特別の利益の提供を約し，または顧客もしくは第三者に対し特別の利益を提供する行為も禁止される。金融機関が一定の条件を充足する顧客に対して所定の範囲内の優遇金利で融資をすることは特別なことではないが，特定の顧客に対してのみ所定の優遇金利を下回る特別の優遇金利での融資をすることは，特別の利益提供と考えられる。よって，⑵は適切である。

投資信託の販売を含む証券取引の勧誘を行うには，外務員資格試験に合格しただけでは足りず，外務員登録を受ける必要がある。よって，⑶は適切である。

目論見書の交付については，契約締結後すみやかに交付することは許されていない。よって，⑷は適切でなく，これが本問の正解である。

正解：(4)

正解率：68.75%

公式テキスト 第2編7-2「投資商品販売実務における改正事項」

広告等規制

金融商品取引法における広告等規制に関する記述について，適切でないものは次のうちどれですか。

(1) リスク情報は，広告中の最も大きな文字・数字と著しく異ならない大きさで表示しなければならない。

(2) 広告等の規制の対象には，ファクシミリ装置を用いて送信する方法や電子メールを送信する方法も含まれる。

(3) いわゆるアナリスト・レポートは，金融商品取引契約の締結の勧誘に使用しない目的で配布するものであれば広告等の規制の対象とはならない。

(4) 金融商品取引業者等が広告等の規制に違反した場合，行政処分を受ける可能性があるが，刑罰に処せられることはない。

解答ポイント＆正解

広告等の表示方法に関して，リスク情報は，広告中の最も大きな文字・数字と著しく異ならない大きさで表示しなければならない。よって，(1)は適切である。

広告等の規制の対象には，ファクシミリ装置を用いて送信する方法や電子メールを送信する方法も含まれる。よって，(2)は適切である。

いわゆるアナリスト・レポートは，金融商品取引契約の締結の勧誘に使用しない目的で配布するものであれば広告等の規制の対象とはならない。よって，(3)は適切である。

金融商品取引業者等は，広告等の規制に違反すれば刑罰に処せられる。よって，(4)は適切でなく，これが本問の正解である。

正解：(4)
正解率：76.97%
(公式テキスト) 第2編7-3「登録金融機関の行為規制」

問－33 損失補てん等の禁止

☑□□□□

金融商品取引法における損失補てん等の禁止に関する記述について，適切でないものは次のうちどれですか。

(1) 金融商品取引業者等は，有価証券の売買について，顧客に損失が生じることとなった場合にこれを補てんする行為を行ってはならず，損失を補てんすることをあらかじめ約束する行為も禁止されている。

(2) 損失補てん等が許容されると，リスクなき資金が市場に流入し，市場における価格形成が歪められ，金融商品取引業者等の経営の健全性を損なう可能性があるので，金融商品取引法は，市場価格の公正な形成を確保し，健全な取引市場を発展させるために，金融商品取引業者等による損失補てん等を禁止している。

(3) 顧客が金融商品取引業者等から補てんを受けた財産上の利益は，没収の対象とはされていない。

(4) 有価証券の売買等の取引について生じた顧客の損失を補てんするため，当該顧客に対して財産上の利益を提供する行為は，金融商品取引業者等が第三者を通じて行った場合でも禁止の対象となる。

解答ポイント＆正解

金融商品取引業者等は，有価証券の売買について，顧客に損失が生じることとなった場合にこれを補てんする行為を行ってはならない。また，損失を補てんすることをあらかじめ約束する行為も禁止行為に該当する。よって，(1)は適切である。

損失補てん等が許容されると，リスクなき資金が市場に流入し，市場における価格形成が歪められ，金融商品取引業者等の経営の健全性を損なう可能性があるので，金融商品取引法は，市場価格の公正な形成を確保し，健全な取引市場を発展させるために，金融商品取引業者等による損失補てん等を禁止している。よって，(2)は適切である。

顧客が金融商品取引業者等から補てんを受けた財産上の利益は，没収の対象となる。よって，(3)は適切でなく，これが本問の正解である。

有価証券の売買等の取引について生じた顧客の損失を補てんするため，当該顧客に対して財産上の利益を提供する行為は，金融商品取引業者等が第三者を通じて行う場合であっても禁止の対象となる。よって，(4)は適切である。

正解：(3)　正解率：93.88%

(公式テキスト) 第2編7-3「登録金融機関の行為規制」

問－34 風説の流布

金融商品取引法における風説の流布に関する記述について，適切でないものは次のうちどれですか。

(1) 風説の流布によって相場を変動させた場合，刑罰が科されるほか課徴金が課されることもあり，それによって得られた財産は，原則として没収される。

(2) 風説を流布する行為者は，合理的根拠のないことを認識していることが必要である。

(3) 風説の流布とは，不特定または多数人に伝えることであり，特定の者だけに伝えた場合は，その後，不特定または多数人に広まっても風説の流布には該当しない。

(4) 風説の流布の罪の対象者は，金融商品取引業者等の役職員に限られない。

解答ポイント＆正解

風説の流布によって相場を変動させた場合，刑罰が科されるほか，それによって得られた財産は，原則として没収される。また，法規制の実効性を確保するという行政目的を達成するため，行政上の措置として課徴金が課されることもある。よって，(1)は適切である。

風説を流布する行為者は，合理的根拠のないことを認識していることが必要である。よって，(2)は適切である。

風説の流布とは，不特定または多数人に伝えることであるが，特定の者だけに伝えた場合，その後，不特定または多数人に広まったときには，風説の流布に該当する可能性がある。よって，(3)は適切でなく，これが本問の正解である。

金融商品取引法158条は，「何人も，有価証券の募集，売出し若しくは売買その他の取引若しくはデリバティブ取引等のため，又は有価証券等の相場の変動を図る目的をもって，風説を流布し，偽計を用い，又は暴行若しくは脅迫をしてはならない」旨を規定している。このように，同条の対象は金融商品取引業者等の役職員だけに限定されておらず，誰もが対象となっている。よって，(4)は適切である。

正解：(3)　正解率：88.82%

公式テキスト　第2編7-5「風説の流布，偽計，暴行または脅迫の禁止」

問−35　浮貸し

浮貸しに関する記述について，適切なものは次のうちどれですか。

(1)　浮貸しの罪により処罰されるのは，その行為をした金融機関の役職員および融資を受けた者であり，当該金融機関が処罰されることはない。

(2)　金融機関の役職員が金融機関の業務としてではなく，みずからの行為（サイドビジネス）として融資の媒介を行った場合は，浮貸しは成立しない。

(3)　金融機関の支店長としての地位の保全や将来の昇進は図利目的の対象に該当する可能性があるが，左遷を逃れるためにする行為はこれに該当しない。

(4) 浮貸しの構成要件である「債務の保証」とは，金融機関の肩書を利用して，その金融機関が保証を行ったかのようにみせかけることなどをいう。

解答ポイント＆正解

浮貸しの罪は金融機関の役職員の行為を罰する規範であり，融資を受けた者ならびに当該金融機関は処罰の対象に含まれない。よって，(1)は適切でない。

金融機関の役職員が金融機関の業務としてではなく，みずからの行為（サイドビジネス）として融資の媒介を行った場合には浮貸しが成立する。よって，(2)は適切でない。

金融機関の支店長としての地位の保全や将来の昇進は，浮貸しの構成要件における自己の利益を図ることに該当する可能性があり，左遷を逃れるためにする行為もこれに該当する可能性がある。よって，(3)は適切でない。

浮貸しの構成要件である「債務の保証」とは，金融機関の肩書を利用して，その金融機関が保証を行ったかのようにみせかけることなどをいう。よって，(4)は適切であり，これが本問の正解である。

正解：(4)　正解率：76.84%

公式テキスト　第2編5-7「浮貸し」

導入預金

導入預金に関する記述について，適切でないものは次のうちどれですか。

(1) 預金者が預金することと引換えに，特定の第三者に対して金融機関が融資（保証）する約束をして預金をしても，融資（保証）の担保として預金に担保権が設定されていれば導入預金ではない。

(2) 預金者と融資先との間の裏金利等の特別の利益目的の存在につい

て，金融機関の役職員がこれを知らない場合には，処罰されることはない。

(3) 導入預金にもとづいて融資を実行すれば処罰されるが，融資の約束をしただけでも処罰される。

(4) 導入預金であっても，金融機関は預金者による預金払戻請求には応じなければならない。

解答ポイント＆正解

預金者が預金することと引換えに，特定の第三者に対して金融機関が融資（保証）する約束をして預金をしても，融資（保証）の担保として預金に担保権が設定されていれば導入預金ではない。よって，(1)は適切である。

導入預金について，金融機関の役職員は，預金者と融資先との間の裏金利等の特別の利益目的の存在を知らない場合であっても，無過失の証明がない限り処罰される可能性がある。よって，(2)は適切でなく，これが本問の正解である。

「預金等に係る不当契約の取締に関する法律」2条2項は，「金融機関に預金等をすることについて媒介をする者は，当該預金等に関し，当該預金等をする者に特別の金銭上の利益を得させる目的で，特定の第三者と通じ，又は自己のために，当該金融機関を相手方として，当該預金等に係る債権を担保として提供することなく，当該金融機関がその者の指定する特定の第三者若しくは自己に対し資金の融通をし，又はその者の指定する特定の第三者若しくは自己のために債務の保証をすべき旨を約してはならない」と規定されている。よって，(3)は適切である。

判例は，導入預金であっても契約自体は私法上無効のものとはいえないと解しているため，金融機関は預金者による預金払戻請求には応じなければならない。よって，(4)は適切である。

正解：(2)
正解率：57.37%
公式テキスト 第2編5-8「導入預金」

偽造・盗難カード等預貯金者保護法

偽造・盗難カード等預貯金者保護法に関する記述について，適切なものは次のうちどれですか。

(1) 偽造・盗難カード等預貯金者保護法は，法人顧客と個人顧客の双方に適用される。

(2) 偽造・盗難カード等預貯金者保護法は，偽造カードによるATMを利用した預貯金払戻しに適用されるが，偽造カードによるATMを利用した借入れには適用されない。

(3) 偽造カードによる不正払戻しがあった場合，金融機関が当該不正払戻しについて善意無過失である場合には，民法478条に定める受領権者としての外観を有する者に対する弁済として金融機関は免責される。

(4) 金融機関と預貯金者が，金融機関が補てん責任を負う範囲について，偽造・盗難カード等預金者保護法の規定と異なる特約を結んだ場合，当該特約が預貯金者に有利なものであれば，かかる特約の定めが同法に優先する。

解答ポイント＆正解

偽造・盗難カード等預貯金者保護法において「預貯金者」とは，「金融機関と預貯金等契約を締結する個人をいう」と規定されている。よって，(1)は適切でない。

偽造・盗難カード等預貯金者保護法は，偽造カードによるATMを利用した預貯金払戻しと借入れの双方に適用される。よって，(2)は適切でない。

偽造・盗難カード等預貯金者保護法では，偽造カードによるATMを利用した払戻しには民法478条の適用がなく，金融機関が免責を受けられないものとされている。よって，(3)は適切でない。

偽造・盗難カード等預貯金者保護法の規定と異なる特約を結んだ場合，預貯金者に不利な特約は無効となるが，預貯金者に有利な特約は有効である。

よって，(4)は適切であり，これが本問の正解である。

正解：(4)

正解率：23.82%

(公式テキスト) **第2編3-9「偽造・盗難カードにおける預貯金者の保護」**

問-38 振り込め詐欺救済法

振り込め詐欺救済法に関する記述について，適切なものは次のうちどれですか。

(1) 情報提供者が捜査機関以外の場合には，犯罪利用預金口座に係る取引停止等の措置を行う必要はない。

(2) 捜査機関から預金口座の不正な利用に関する情報の提供があった場合，その他の事情を勘案すれば犯罪利用預金口座である疑いがあると認められるときには，金融機関は預金者本人の同意を得たうえで取引停止等の措置を適切に講じる必要がある。

(3) いわゆるオレオレ詐欺，架空請求詐欺，還付金等詐欺と同様に，公序良俗に反するような高金利のヤミ金融についても振り込め詐欺救済法の対象に該当する。

(4) 被害回復分配金の支払手続がすべて終了した後で残余金がある場合には，金融機関はこれを雑収入として計上せず，預金口座の名義人に当該残余財産を返還する必要がある。

解答ポイント＆正解

犯罪利用預金口座に係る取引停止等の措置については，情報提供者が捜査機関以外の場合であっても，その他の事情を勘案して犯罪利用預金口座であると疑うに足りる相当な理由があるときは，取引停止等の措置を講じなければならないとされている。よって，(1)は適切でない。

捜査機関から預金口座の不正な利用に関する情報の提供があった場合，その他の事情を勘案すれば犯罪利用預金口座である疑いがあると認められるときは，金融機関は取引停止等の措置を適切に講じる必要があるが，その際，預金者本人の同意を得る必要はない。よって，⑵は適切でない。

公序良俗に反するような高金利のヤミ金融についても振り込め詐欺救済法の対象に該当する。よって，⑶は適切であり，これが本問の正解である。

被害回復分配金の支払手続がすべて終了した後で残余金がある場合には，金融機関は預金保険機構に対して当該残余財産を納付しなければならない。よって，⑷は適切でない。

正解：⑶　正解率：63.22%

公式テキスト　第2編3-10「振り込め詐欺による被害者の保護」

著作権

著作権に関する記述について，適切でないものは次のうちどれですか。

⑴　著作権は創作と同時に発生し，原則として著作者の死後70年を経過するまでの間は存続する。

⑵　インターネット上で公表された記事の一部を社内の研修用資料に引用して利用する場合，自分の著作物と引用部分とが区別されているなど一定の要件を満たせば，記事を複製してそのまま研修用資料に添付して利用することも許される。

⑶　公表された著作物は点字により複製することができるが，この場合であっても出所の明示は必要とされる。

⑷　著作権等侵害罪は被害者である著作権者からの告訴の有無にかかわらず，侵害者に刑罰が科される。

解答ポイント＆正解

著作権は創作と同時に発生し，原則として著作者の死後70年を経過するまでの間は存続する。よって，⑴は適切である。

公表された著作物は，公正な慣行に合致し，引用の目的上正当な範囲内であれば，引用に関する要件を満たすことで，著作権者の承諾なく引用して使用することができる。そして複製して引用することも出所を明示すれば許される。よって，(2)は適切である。

公表された著作物は視覚障害者等のために点字により複製することが許されている。この場合であっても出所の明示は必要である。よって，(3)は適切である。

著作権等侵害罪は一部を除き親告罪とされており，被害者である著作権者が告訴した場合には侵害者に刑罰が科される可能性があるが，告訴がなければ公訴を提起することができない。よって，(4)は適切でなく，これが本問の正解である。

正解率：44.93%

公式テキスト 第2編8-6「著作権」

問一40 金融サービス提供法

金融機関が金融商品の販売に際して「金融サービス提供法」（金融サービスの提供に関する法律）にもとづき負担する義務等に関する記述について，適切でないものは次のうちどれですか。

(1) 金融商品の販売について金利，通貨の価格，金融商品市場の相場等の指標に係る変動を直接の原因として元本欠損や当初元本を上回る損失が生ずるおそれがあるときは，その旨や当該指標，取引の仕組みのうちの重要な部分を説明しなければならない。

(2) 顧客に対し，販売する金融商品の重要事項について説明すべきであるのに説明をしなかったとき，または断定的判断の提供等を行ったときは，顧客は当該金融商品の購入契約を取り消すことができる。

(3) 金融商品の重要事項について，顧客の知識，経験，財産の状況および当該金融商品の販売に係る契約を締結する目的に照らして，顧客に理解されるために必要な方法および程度による説明を行わなければならない。

(4)　当該金融商品の販売に係る事項について，不確実な事項について断定的判断を提供し，または確実であると誤認させるおそれのあることを告げる行為を行ってはならない。

解答ポイント＆正解

金融商品の販売について金利，通貨の価格，金融商品市場の相場等の指標に係る変動を直接の原因として元本欠損や当初元本を上回る損失が生ずるおそれがあるときは，その旨や当該指標，取引の仕組みのうちの重要な部分を説明しなければならない。よって，(1)は適切である。

金融機関は，金融機関の説明義務違反や断定的判断の提供等により生じた顧客の損害を賠償する責任を負う。この場合，顧客に生じた元本欠損額をもって顧客の損害と推定されるが，購入契約が取り消されることはない。よって，(2)は適切でなく，これが本問の正解である。

金融商品の重要事項について，顧客の知識，経験，財産の状況および当該金融商品の販売に係る契約を締結する目的に照らして，顧客に理解されるために必要な方法および程度による説明を行わなければならない。よって，(3)は適切である。

当該金融商品の販売に係る事項について，不確実な事項について断定的判断を提供し，または確実であると誤認させるおそれのあることを告げる行為を行ってはならない。よって，(4)は適切である。

正解：(2)　**正解率：24.21%**

公式テキスト　**第2編2-2「説明義務（銀行法・金融サービス提供法）」**

※「金融サービスの提供に関する法律」が一部改正され，法律の題名が「金融サービスの提供及び利用環境の整備等に関する法律」に改められた。

出典：金融庁ウェブサイトを一部加工。

内部のリスク管理態勢とコンプライアンス

問ー41

文書提出命令

文書提出命令に関する記述について，適切でないものの組合せは次のうちどれですか。

(a) 金融機関と顧客の双方が署名押印した契約書は文書提出命令の対象となるが，顧客のみが署名押印して金融機関に差し入れている文書は法律関係文書に該当せず，文書提出命令の対象とならない。

(b) 貸出稟議書は「もっぱら文書の所持者の利用に供するための文書」にあたることから，金融機関は原則として，貸出稟議書について文書提出義務を負わない。

(c) 金融機関が当事者ではない第三者間の訴訟においても，金融機関に対して審尋のうえ文書提出命令が下されることがあり，これに従わないと過料の制裁を受ける。

(d) 写真やビデオテープは文書ではないから，提出命令の対象となることはない。

(1) (a)，(b)

(2) (b)，(c)

(3) (c)，(d)

(4) (a)，(d)

解答ポイント＆正解

金融機関と顧客との取引に利用する契約書等の文書は，法律関係文書に該当し，文書提出命令の対象となる。これには，金融機関と顧客の双方が署名押印した契約書だけでなく，顧客のみが署名押印して金融機関に差し入れている文書も含まれる。よって，(a)は適切でない。

貸出稟議書は，特段の事情のない限り，「もっぱら文書の所持者の利用に供するための文書」（自己利用文書）にあたる。したがって，金融機関は原則として，貸出稟議書について文書提出義務を負わない。よって，(b)は適切である。

文書提出義務は，訴訟の当事者の義務ではなく，文書の所持者の義務である。したがって，金融機関が訴訟の当事者ではない第三者間の訴訟においても，金融機関が文書提出義務を負う文書の所持者である場合は，金融機関に対して文書提出命令が下されることがある。この場合，裁判所は，あらかじめ裁判の当事者でない金融機関を審尋する。そして，金融機関が文書提出命令に従わなかったときは，過料の制裁を受ける。よって，(c)は適切である。

写真やビデオテープは，講学上，「準文書」と呼ばれている。準文書についても文書提出命令に関する規定が準用される。よって，(d)は適切でない。

以上より，(4)が本問の正解である。

正解：(4)　**正解率：74.47%**

公式テキスト **第3編2-2「民事訴訟における文書提出命令」**

問—42 法定後見制度

法定後見制度に関する記述について，適切でないものは次のうちどれですか。

(1) 法人も成年後見人になることができる。

(2) 被保佐人の行為のうち，保佐人の同意を要する行為は民法上列挙されているが，必要であれば家庭裁判所が追加することもできる。

(3) 補助人には，当事者が申立てにより選択した特定の法律行為について同意権が付与されるが，代理権が付与されることはない。

(4) 複数の成年後見人が選任されることもある。

解答ポイント＆正解

法人を成年後見人とすることも認められている。よって，(1)は適切である。

被保佐人の行為のうち，保佐人の同意を要する行為は民法上列挙されているが，必要であれば家庭裁判所が追加することもできる。よって，⑵は適切である。

家庭裁判所は，補助人に特定の行為について代理権を付与する旨の審判をすることができる。よって，⑶は適切でなく，これが本問の正解である。

成年後見人は１人とは限らず，複数の成年後見人が選任されることもある。よって，⑷は適切である。

正解：⑶　正解率：74.74%

公式テキスト　第2編3-3「成年後見制度」

問－43　任意後見制度

任意後見制度に関する記述について，適切でないものは次のうちどれですか。

⑴　任意後見制度は，本人に判断能力が備わっている間に，自分の希望する内容で任意後見契約を締結するものであり，本人の自己決定権を最大限に尊重した制度である。

⑵　任意後見人が本人のために契約で定めたとおりに財産管理等の事務を遂行するのを監督するのが任意後見監督人の任務であり，任意後見契約締結時から監督義務を負う。

⑶　任意後見人は，成年後見人とは異なり，本人が行った行為を取り消すことはできない。

⑷　任意後見人の氏名・住所，代理権の範囲等は，後見登記等ファイルに記載される。

解答ポイント＆正解

任意後見制度は，本人に判断能力が備わっている間に，自分の希望する内容で任意後見契約を締結するものであり，本人の自己決定権を最大限に尊重した制度である。よって，⑴は適切である。

任意後見契約が登記されている場合において，精神上の障害により本人の事理を弁識する能力が不十分な状況にあるときに，家庭裁判所は，請求によって任意後見監督人を選任する。任意後見監督人は，任意後見契約締結時から監督義務を負うわけではない。よって，⑵は適切でなく，これが本問の正解である。

任意後見人は，成年後見人とは異なり，本人が行った行為を取り消すことはできない。よって，⑶は適切である。

任意後見人の氏名・住所，代理権の範囲等は，後見登記等ファイルに記載される。よって，⑷は適切である。

正解：⑵　正解率：52.50%

公式テキスト　第2編3-3「成年後見制度」

問－44　後見登記制度

後見登記制度に関する記述について，適切でないものは次のうちどれですか。

⑴　後見登記制度においては，何人も，法務局（登記官）に自己が登記されていないことの証明書の交付を請求することができる。

⑵　後見開始の審判があったときは，嘱託により登記がなされるが，成年被後見人が死亡したときは，成年後見人などの利害関係人が後見の終了登記の申請をしなければならない。

⑶　保佐人または補助人の代理権または同意権の範囲は後見登記等ファイルに記録されるので，金融機関が保佐人または補助人と取引をするときは，登記事項証明書（等）にもとづいてその権限の範囲を確認する必要がある。

⑷　金融機関は利害関係人ではないものの，後見開始等の審判があったとの届出を受けた場合は，その届出書を示して法務局（登記官）に登記事項証明書の交付を請求することができる。

解答ポイント＆正解

後見登記制度においては，何人も，法務局（登記官）に自己が登記されていないことの証明書の交付を請求することができる。よって，⑴は適切である。

後見開始の審判があったときは，嘱託により登記がなされるが，成年被後見人が死亡したときは，成年後見人などの利害関係人が後見の終了登記の申請をしなければならない。よって，⑵は適切である。

保佐人または補助人の代理権または同意権の範囲は後見登記等ファイルに記録されるので，金融機関が保佐人または補助人と取引をするときは，登記事項証明書（等）にもとづいてその権限の範囲を確認する必要がある。よって，⑶は適切である。

成年被後見人等の登記事項証明書の交付を請求できる者は，取引の安全の保護と本人のプライバシー保護の調和を図る観点から一定の範囲の者に限定されており，金融機関は交付を請求することができない。よって，⑷は適切でなく，これが本問の正解である。

正解：⑷

正解率：63.42%

公式テキスト 第2編3-3「成年後見制度」

インサイダー取引

インサイダー取引規制に関する記述について，適切なものの組合せは次のうちどれですか。

(a) 規制対象となる情報受領者には，第１次情報受領者から情報伝達を受けた第２次情報受領者も含まれる。

(b) 一定の報道機関のうち２社以上に公開した時点から12時間を経過した場合には，重要事実の公表に該当する。

(c) 会社の従業者が，会社の業務または財産に関してインサイダー取引規制に違反した場合，行為者個人だけではなく，会社（法人）も刑罰が科される。

(d) 会社関係者である上場会社等の役員等とは，その会社に在籍する役員，職員，契約職員を指し，派遣職員，アルバイト，パートタイマーは含まれない。

(1) (a)，(b)

(2) (b)，(c)

(3) (c)，(d)

(4) (a)，(d)

解答ポイント＆正解

規制対象となる情報受領者は，第１次情報受領者のみで，第２次情報受領者は含まれない。よって，(a)は適切でない。

一定の報道機関のうち２社以上に公開した時点から12時間を経過した場合には，重要事実の公表に該当する。よって，(b)は適切である。

会社の従業員が，会社の業務または財産に関してインサイダー取引規制に違反した場合，行為者個人だけではなく，会社（法人）も刑罰が科される。よって，(c)は適切である。

会社関係者である上場会社等の役員等とは，派遣職員，アルバイト，パートタイマーも含まれる。よって，(d)は適切でない。

以上より，(2)が本問の正解である。

正解：(2)

正解率：61.25%

公式テキスト **第2編7-7「内部者取引（インサイダー取引）の禁止」**

各種公的機関からの照会と対応

公的機関からの照会に関する記述について，適切でないものは次のうちどれですか。

(1) 裁判所からの調査嘱託に対して回答しなくとも，刑罰に処せられることはない。

⑵　銀行法にもとづき，監督当局に報告や資料の提出を行う場合には，銀行の守秘義務は免除されるので，顧客本人の同意を得る必要はない。

⑶　捜査当局から令状によらない任意捜査による捜査関係事項照会を受けて回答した場合，その捜査が適法であれば，守秘義務違反に問われることはない。

⑷　弁護士会からの照会は回答拒絶による罰則はなく，回答拒絶に正当な理由がなくても金融機関に報告の義務はない。

解答ポイント＆正解

裁判所からの調査嘱託に対して回答しなくとも，刑罰に処せられることはない。よって，⑴は適切である。

銀行法にもとづき，監督当局に報告や資料の提出を行う場合には，銀行の守秘義務は免除されるので，顧客本人の同意を得る必要はない。よって，⑵は適切である。

捜査当局から令状によらない任意捜査による捜査関係事項照会を受けて回答した場合，その捜査が適法であれば，守秘義務違反に問われることはない。よって，⑶は適切である。

弁護士会から照会請求があった場合，正当な理由がない限り，金融機関に報告義務があるとされている。よって，⑷は適切でなく，これが本問の正解である。

正解：⑷　正解率：61.18%

公式テキスト　第2編3-5「守秘義務」

代筆

代筆に関する記述について，適切でないものは次のうちどれですか。

(1) 本人の意思を十分に確認しないまま，あるいは確認しないで代筆した場合，当該取引が無効となるおそれがあるほか，代筆した職員は刑事上の責任を追及されるおそれがある。

(2) 金融機関の職員が代筆した契約は，仮に本人の追認があっても民法上有効となることはない。

(3) 自筆困難者が預金取引のために単独で金融機関の窓口に訪れた場合は，金融機関の職員が代筆に応じるべきである。

(4) 預金取引において，親族等の同行者が代筆する場合でも，金融機関の職員が代筆する場合でも，金融機関の複数の職員が確認し，確認した事実を記録として残すことが必要である。

解答ポイント＆正解

本人の意思を十分に確認しないまま，あるいは確認しないで代筆した場合，取引を行う意思がなかったことなどを理由に，当該取引が無効となるおそれがある。また，代筆した職員は刑事上の責任を追及されるおそれがある。よって，(1)は適切である。

金融機関の職員が代筆した契約は，本人が追認すれば民法上有効となる。よって，(2)は適切でなく，これが本問の正解である。

自筆困難者が預金取引のために単独で金融機関の窓口に訪れた場合は，顧客の保護を図ったうえで，金融機関の職員が代筆することを可能とする旨の社内規則を整備し，十分な対応をすることが，金融庁の監督指針に定められている。よって，(3)は適切である。

預金取引において，親族等の同行者が代筆する場合でも，金融機関の職員が代筆する場合でも，後日のトラブルに備えて，金融機関の複数の職員が確認し，確認した事実を記録としてしっかりと残すことが必要である。よって，(4)は適切である。

正解：(2)　正解率：75.13%

(公式テキスト) 第2編3-8「職員による代筆」

問－48　電子記録債権

電子記録債権に関する記述について，適切でないものは次のうちどれですか。

(1)　電子記録債権は，債権者と債務者の双方が電子債権記録機関に発生記録の請求をしたときではなく，電子債権記録機関が発生記録をしたときに生ずる。

(2)　電子記録債権は，譲渡記録には担保的効力はなく，譲渡人は，その後，電子記録債権を取得した者に対して遡求義務を負わない。

(3)　電子記録債権は，利息についての定めを発生記録に記録することはできない。

(4)　電子記録債権は，法律上，分割することが許されている。

解答ポイント＆正解

電子記録債権は，電子債権記録機関が発生記録をすることによって生ずる。よって，(1)は適切である。

電子記録債権の譲渡記録には担保的効力がある旨が法定されていないから，電子記録債権の譲渡人は，遡求義務を負わない。よって，(2)は適切である。

電子記録債権については，必要的記録事項のほかに任意的記録事項があり，その中に，利息についての定めがある。よって，(3)は適切でなく，これが本問の正解である。

電子記録債権は，分割することができる。よって，(4)は適切である。

正解：(3)　正解率：60.86%

問－49 パワーハラスメント

職場におけるパワーハラスメントに関する記述について，適切でないものは次のうちどれですか。

⑴ 客観的にみて，業務上必要かつ相当な範囲で行われる適正な業務指示や指導については，パワーハラスメントに該当しない。

⑵ 「職場」とは，事業主が雇用する労働者が業務を遂行する場所を指し，当該労働者が通常就業している場所以外の場所は含まれない。

⑶ 同僚または部下による言動で，当該言動を行う者が業務上必要な知識や豊富な経験を有しており，当該者の協力を得なければ業務の円滑な遂行を行うことが困難であるものは，「優越的な関係を背景とした言動」に該当する可能性がある。

⑷ 労働者を職場外でも継続的に監視したり，私物の写真撮影をしたりすることは，パワーハラスメントに該当する可能性がある。

解答ポイント＆正解

客観的にみて，業務上必要かつ相当な範囲で行われる適正な業務指示や指導については，パワーハラスメントに該当しない。よって，⑴は適切である。

「職場」とは，事業主が雇用する労働者が業務を遂行する場所を指し，当該労働者が通常就業している場所以外の場所であっても，当該労働者が業務を遂行する場所については含まれる。よって，⑵は適切でなく，これが本問の正解である。

同僚または部下による言動で，当該言動を行う者が業務上必要な知識や豊富な経験を有しており，当該者の協力を得なければ業務の円滑な遂行を行うことが困難であるものは，「優越的な関係を背景とした言動」に該当する可能性がある。よって，⑶は適切である。

労働者を職場外でも継続的に監視したり，私物の写真撮影をしたりすることは，パワーハラスメントに該当する可能性がある。よって，⑷は適切である。

正解：(2)　正解率：81.25%

(公式テキスト) 第3編4-4「パワーハラスメント」

問一50　労働契約法

労働契約法に関する記述について，適切なものの組合せは次のうちどれですか。

(a)　労働契約法は，労働者と使用者との間の労働契約に関する基本的なルールを定めており，労働者には労働契約に関する団体交渉権を認めている。

(b)　有期労働契約が繰り返し更新されて通算５年を超えた場合には，労働者の申込により，有期労働契約を無期労働契約に転換することができる。

(c)　労働契約の違反があった場合，法の実現は契約当事者である使用者および労働者自身が紛争解決の手続を利用して行う必要がある。

(d)　労働契約法は，労働者の時間外労働について一定の割増賃金を支払う義務を使用者に課している。

(1)　(a)，(b)

(2)　(b)，(c)

(3)　(c)，(d)

(4)　(a)，(d)

解答ポイント＆正解

団体交渉権について定めているのは，労働契約法ではなく労働組合法である。よって，(a)は適切でない。

有期労働契約が繰り返し更新されて通算５年を超えた場合には，労働者の申込により，有期労働契約を無期労働契約に転換することが認められている。よって，(b)は適切である。

労働契約の違反があった場合，法の実現は契約当事者が紛争解決の手続を利用して行う必要がある。よって，(c)は適切である。

労働者の時間外労働について一定の割増賃金を支払う義務を使用者に課す旨を定めているのは，労働契約法ではなく労働基準法である。よって，(d)は適切でない。

以上より，(2)が本問の正解である。

正解：(2)

正解率：28.88%

(公式テキスト) **第3編4-2「労務管理」**

2022年10月（第57回）

試験問題・解答ポイント・正解

金融機関とコンプライアンス

金融取引とコンプライアンス

内部のリスク管理態勢とコンプライアンス

※問題および各問題についての解答ポイント・正解は，原則として試験実施日におけるものです。

金融機関とコンプライアンス

問－1　金融機関におけるコンプライアンス

金融機関におけるコンプライアンスに関する記述について，適切でないものは次のうちどれですか。

(1)　「しなければならないと決められていないが，行ったほうがよいと思われることを積極的に行い，禁止されていないが行わないほうがよいと思われることを厳に慎む」というのが真のコンプライアンスであり，ビジネス行動上のグローバル・スタンダードといえる。

(2)　金融機関の業務は，適法であることを当然の前提としたうえで適切性も求められており，法律や規則等を遵守していたとしても，その業務が不適切である場合には業務改善命令が発せられる可能性があることに留意が必要である。

(3)　金融機関が市場の一員として活動するためには，ルールは守らなくてはならないという社会からの強い要請があるが，仮にルールを守らなかった場合でも，厳しい批判は受けるものの，免許等を受ける業種である金融機関が市場から追い出されることまではない。

(4)　金融取引においては遵守すべき法律や規則等が多く存在するため，金融活動を行うにあたっては，法律・規則等を遵守することは当然のことであるが，たとえ法律・規則等に抵触しない場合でも，金融機関に求められている倫理観と誠実さにもとづき，公正な行動をとることを心がけることが必要である。

解答ポイント＆正解

「しなければならないと決められていないが，行ったほうがよいと思われることを積極的に行い，禁止されていないが行わないほうがよいと思われることを厳に慎む」というのが真のコンプライアンスであり，ビジネス行動上のグローバル・スタンダードといえる。よって，⑴は適切である。

金融機関の業務が不適切である場合には，その行為が法令等に違反していなくても，業務改善命令が発せられる可能性がある。よって，⑵は適切である。

金融機関が市場の一員として活動するためには，ルールを守らなくてはならないという社会からの強い要請があり，ルールを守らず，コンプライアンスを実践しないことにより，市場から追い出されることもありうる。よって，⑶は適切でなく，これが本問の正解である。

金融取引においては遵守すべき法律や規則等が多く存在するため，金融活動を行うにあたっては，法律・規則等を遵守することは当然のことであるが，たとえ法律・規則等に抵触しない場合でも，金融機関に求められている倫理観と誠実さにもとづき，公正な行動をとることを心がけることが必要である。よって，⑷は適切である。

正解：⑶　**正解率：98.22%**

公式テキスト　**第1編1「コンプライアンス態勢の構築」**

問－2　銀行法による規制

銀行法による規制に関する記述について，適切でないものは次のうちどれですか。

⑴　内閣総理大臣（監督当局）は，銀行の業務の健全かつ適切な運営を確保するため必要があると認めるときは，銀行に対し，業務改善計画の提出を求めることができる。

⑵　内閣総理大臣（監督当局）は，銀行の業務の健全かつ適切な運営を確保するため必要があると認めるときは，銀行に対し，その業務または財産の状況に関し報告または資料の提出を求めることができる。

⑶　内閣総理大臣（監督当局）は，銀行が法令，定款，内閣総理大臣の行った行政処分に違反したときは，業務の停止を命じることができるが，役員を解任する場合には当該銀行自身の機関決定を経なければな

らない。

⑷　内閣総理大臣（監督当局）は，銀行の業務の健全かつ適切な運営を確保するため必要があると認めるときは，銀行の営業所その他の施設に立入検査を行うことができ，とくに必要があると認めるときは，その必要の限度において，銀行の子法人等の施設に立ち入ることができる。

解答ポイント＆正解

内閣総理大臣（監督当局）は，銀行の業務の健全かつ適切な運営を確保するため必要があると認めるときは，銀行に対し，業務改善計画の提出を求めることができる。よって，⑴は適切である。

内閣総理大臣（監督当局）は，銀行の業務の健全かつ適切な運営を確保するため必要があると認めるときは，銀行に対し，その業務または財産の状況に関し報告または資料の提出を求めることができる。よって，⑵は適切である。

内閣総理大臣（監督当局）は，銀行が，法令，定款，内閣総理大臣の行った行政処分に違反したときは，業務の停止・役員の解任を命じることができる。よって，⑶は適切でなく，これが本問の正解である。

内閣総理大臣（監督当局）は，銀行の業務の健全かつ適切な運営を確保するため必要があると認めるときは，銀行の営業所その他の施設に立入検査を行うことができ，とくに必要があると認めるときは，その必要の限度において，銀行の子法人等の施設に立ち入ることができる。よって，⑷は適切である。

正解：⑶　正解率：92.85%

（公式テキスト）第2編1-5「その他銀行法に基づく規制」

公益通報者保護法

公益通報者保護法に関する記述について，適切でないものは次のうちどれですか。

⑴　事業者（従業員数300人以下の事業者を除く）に対し，内部通報に適切に対応するために必要な体制の整備等（内部公益通報受付窓口の設置，通報対象事実の調査，'是正措置等）を義務付けている。

⑵　内部調査等に従事する者に対し，通報者を特定させる情報について守秘義務を課しており，守秘義務に違反した者は罰金に処せられる。

⑶　事業者に対して権限を有する行政機関に対する通報は，「信じるに足りる相当の理由がある場合」に限られている。

⑷　保護される通報者の範囲には，役員と退職後１年以内の退職者も含まれる。

解答ポイント＆正解

事業者（従業員数300人以下の事業者を除く）に対し，内部通報に適切に対応するために必要な体制の整備等（内部公益通報受付窓口の設置，通報対象事実の調査，是正措置等）を義務付けている。よって，⑴は適切である。

内部調査等に従事する者に対し，通報者を特定させる情報について守秘義務を課しており，守秘義務に違反した者は罰金に処せられる。よって，⑵は適切である。

事業者に対して権限を有する行政機関に対する通報は，「氏名等，法が定める所定の事項を記載した書面を提出する場合」にも可能となっている。よって，⑶は適切でなく，これが本問の正解である。

保護される通報者の範囲には，役員と退職後１年以内の退職者も含まれる。よって，⑷は適切である。

正解：⑶　正解率：63.77%

（公式テキスト）第1編2-6「不祥事件・苦情等に対する処置」

問－4　利益供与

会社法における利益供与に関する記述について，適切でないものは次のうちどれですか。

(1)　利益供与は株主の権利行使に関して行われることが要件となるが，株主総会で株主の質問権を行使しないと約束するといった消極的なものでも，これに該当する可能性がある。

(2)　利益供与の相手方は「何人に対しても」とされているので，株主に限らず，株主の親族に対して利益供与を行った場合でも，これにあたる。

(3)　株主が経営する会社に対して債務免除を行った場合は，利益供与に該当する可能性がある。

(4)　会社の取締役が利益供与により刑事処分を受け，株主代表訴訟（会社法における「責任追及等の訴え」）により会社に対する損害賠償責任を追及されて敗訴した場合，当該取締役は，役員等賠償責任保険によってその賠償額を補償される。

解答ポイント＆正解

株式会社は，何人に対しても，株主の権利の行使に関し，財産上の利益の供与をしてはならない。この場合で株主総会に出席をしても株主が質問権を行使しないと約束するような消極的なものも利益供与に該当する可能性がある。よって，(1)は適切である。

会社法において利益供与の相手方は「何人に対しても」とされているので，株主に限らず，株主の親族に対する利益供与も，禁止される利益供与になる。よって，(2)は適切である。

株式会社は，何人に対しても，株主の権利の行使に関し，財産上の利益の供与をしてはならない。この財産上の利益には債務免除を受けることも含まれる。よって，(3)は適切である。

会社の取締役が利益供与により刑事処分を受け，当該取締役が会社に対する民事責任を株主代表訴訟により追及されて敗訴した場合，その賠償額が役員等賠償責任保険によって補償されることはない。よって，⑷は適切でなく，これが本問の正解である。

正解：⑷

正解率：86.35%

(公式テキスト) **第1編2-5「株主に対する利益供与の禁止」**

株主代表訴訟

株主代表訴訟に関する記述について，適切でないものは次のうちどれですか。

⑴　公開会社における株主が株主代表訴訟を提起するには，6か月（定款でこれを下回る期間を定めたときはその期間）前から引き続き当該会社の株式を有していることが必要である。

⑵　取締役の責任を追及する株主代表訴訟は，株主が会社に対して訴えの提起を請求したにもかかわらず，原則として，60日以内に訴えが提起されないときに，当該請求をした株主が会社のために訴えを提起することができる制度である。

⑶　株主が株主代表訴訟を行っている途中で，その会社の株主でなくなった場合でも，それが株式交換によるもので当該株式会社の完全親会社の株式を取得したときは，引き続き訴訟を追行することができる。

⑷　株主代表訴訟において，株主が勝訴した場合，敗訴した役員は，直接，株主に対して損害賠償をしなければならない。

解答ポイント＆正解

株主代表訴訟の要件として，公開会社においては，当該株主が6か月（定款でこれを下回る期間を定めたときはその期間）前から引き続き当該会社の株式を有していることが必要である。よって，⑴は適切である。

取締役の責任を追及する株主代表訴訟は，株主が会社に対して訴えの提起を請求したにもかかわらず，原則として，60日以内に訴えが提起されないときに，当該請求をした株主が会社のために訴えを提起することができる制度である。よって，(2)は適切である。

株主代表訴訟の原告適格として，訴訟係属中は原告である株主は当該株式会社の株主であることが必要であるが，株式交換によって当該株式会社の完全親会社の株式を取得したときは，引き続き訴訟を追行することができる。よって，(3)は適切である。

株主代表訴訟において株主が勝訴した場合，敗訴した役員は，株主ではなく会社に対して損害賠償をすることになる。よって，(4)は適切でなく，これが本問の正解である。

正解：(4)

正解率：59.95%

(公式テキスト) **第1編2-4「株主代表訴訟」**

取締役

取締役に関する記述について，適切でないものは次のうちどれですか。

(1) 取締役会設置会社における取締役の職務は，取締役会の一員として業務執行に関する意思決定に関与し，その他の取締役を監督することにある。

(2) 善管注意義務に違反する行為を行って株式会社に損害を生じさせた取締役は，株式会社に対して損害賠償責任を負うが，当該行為を看過した取締役も連帯して損害賠償責任を負うことがありうる。

(3) 取締役と株式会社以外の第三者との間には委任関係はないから，取締役がその職務を行うにつき重大な過失があったときでも，当該取締役が第三者に対して責任を負うことはない。

(4) 取締役会設置会社においては，取締役会の決議により代表取締役が選定されるが，取締役会の決議により，その他の取締役についても業務を執行する取締役に選定することができる。

解答ポイント＆正解

取締役会設置会社における取締役の職務は，取締役会の一員として業務執行に関する意思決定に関与し，その他の取締役を監督することにある。よって，(1)は適切である。

取締役が，その任務を怠ったときは，株式会社に対し，これによって生じた損害を賠償する責任を負う。「任務を怠る」には，善管注意義務に違反する行為を行うことはもちろん，他の取締役の職務の執行の監督を怠ることも含まれる。役員等が株式会社または第三者に生じた損害を賠償する責任を負う場合において，他の役員等も当該損害を賠償する責任を負うときは，これらの者は，連帯債務者である。よって，(2)は適切である。

取締役と株式会社以外の第三者との間には委任関係はないが，役員等がその職務を行うについて悪意または重大な過失があったときは，当該役員等は，これによって第三者に生じた損害を賠償する責任を負う。よって，(3)は適切でなく，これが本問の正解である。

取締役会設置会社においては，代表取締役が業務を執行するが，代表取締役以外の取締役であって，取締役会の決議によって取締役会設置会社の業務を執行する取締役として選定されたものも業務を執行する。よって，(4)は適切である。

正解：(3)

正解率：90.49%

公式テキスト 第1編2-1「取締役・取締役会の義務と責任」

問－7 社外取締役の設置等

社外取締役の設置等に関する記述について，適切でないものは次のうちどれですか。

(1) 監査役会を設置している株式会社は，公開会社または大会社でない場合でも社外取締役を設置しなければならない。

(2) 株式会社（指名委員会等設置会社を除く）と取締役との利益が相反する状況にあるときなど，一定の場合は，当該株式会社は，そのつど，取締役の決定（取締役会設置会社の場合は取締役会の決議）によって，社外取締役に業務の執行を委託することができる。

(3) 親会社の取締役は，子会社の社外取締役になれない。

(4) 社外取締役と会社との関係は，民法上の委任関係にある。

解答ポイント＆正解

監査役会設置会社（公開会社であり，かつ，大会社であるものに限る）であって金融商品取引法24条１項の規定によりその発行する株式について有価証券報告書を内閣総理大臣に提出しなければならないものは，社外取締役を置かなければならない。よって，(1)は適切でなく，これが本問の正解である。

株式会社（指名委員会等設置会社を除く）と取締役との利益が相反する状況にあるときなど，一定の場合は，当該株式会社は，そのつど，取締役の決定（取締役会設置会社の場合は取締役会の決議）によって，社外取締役に業務の執行を委託することができる。よって，(2)は適切である。

親会社の取締役は，子会社の社外取締役になれない。よって，(3)は適切である。

社外取締役と会社との関係は，民法上の委任関係にある。よって，(4)は適切である。

正解：(1)

正解率：52.48%

公式テキスト 第1編2-1「取締役・取締役会の義務と責任」

監査役

監査役に関する記述について，適切でないものは次のうちどれですか。

(1) 監査役は，会社に対して善管注意義務を負担し，任務懈怠があれば会社に対して損害賠償責任を負う。

(2) 監査役は株主総会において選任され，任期は４年（選任後４年以内に終了する事業年度のうち最終のものに関する定時株主総会の終結の時まで）である。

⑶　監査役会設置会社においては，監査役の全員が非常勤監査役であっても適法である。

⑷　監査役は，取締役会に出席して，必要があると認めるときは意見を述べなければならない。

解答ポイント＆正解

監査役は，会社に対して善管注意義務を負担し，任務懈怠があれば会社に対して損害賠償責任を負う。よって，⑴は適切である。

監査役は株主総会において選任され，任期は４年（選任後４年以内に終了する事業年度のうち最終のものに関する定時株主総会の終結の時まで）である。よって，⑵は適切である。

監査役会設置会社において監査役会は，監査役の中から常勤の監査役を選定しなければならない。よって，⑶は適切でなく，これが本問の正解である。

監査役は，取締役会に出席して，必要があると認めるときは意見を述べなければならない。よって，⑷は適切である。

正解：⑶　正解率：83.61%

公式テキスト　第1編2-2「監査役・監査役会の義務と責任」

苦情・トラブルへの対応

苦情・トラブルへの対応に関する記述について，適切でないものは次のうちどれですか。

⑴　苦情・トラブルを発生させないためには，常日頃から各職員が各種の情報を共有していることが大切であり，そのためには風通しのよい職場風土づくりが不可欠である。

⑵　顧客からの苦情の中には一方的な言いがかりを内容とするものがあ

り，苦情を受けた担当者が明らかにそのような内容だと判断できれば，毅然としてこれに対応して相手方の申し出等は謝絶するべきであるが，そういった苦情についても，金融機関内のルールにのっとって記録・報告することが必要である。

(3)　苦情・トラブルの内容は，業務内容や商品内容の複雑化に伴い多岐にわたっており，対応の仕方もケース・バイ・ケースであるが，迅速かつ誠実な対応がすべてに共通した基本といえる。

(4)　苦情・トラブルについて，金融機関はみずから真摯に対処すれば足り，外部機関等を顧客に紹介する必要はない。

解答ポイント＆正解

苦情・トラブルを発生させないためには，常日頃から各職員が各種の情報を共有していることが大切であり，そのためには風通しのよい職場風土づくりが不可欠である。よって，(1)は適切である。

顧客からの苦情の中には一方的な言いがかりの内容もある。しかし，そのような内容の苦情であっても，金融機関内のルールにのっとって記録・報告することが必要である。よって，(2)は適切である。

苦情・トラブルの内容は，業務内容や商品内容の複雑化に伴い多岐にわたっており，対応の仕方もケース・バイ・ケースであるが，迅速かつ誠実な対応がすべてに共通した基本である。よって，(3)は適切である。

苦情・トラブルは顧客と当該金融機関の間で意見の一致をみて解決することが望ましいが，意見の相違などにより解決に至らないケースがあり，そのような場合には適切な外部機関等を顧客に紹介し，その手続の概要を説明することが必要な場合がある。よって，(4)は適切でなく，これが本問の正解である。

正解：(4)　正解率：95.68%

公式テキスト　第1編2-6「不祥事件・苦情等に対する処置」

問－10　反社会的勢力への対応

反社会的勢力への対応に関する記述について，適切でないものは次のうちどれですか。

⑴　政府指針では，反社会的勢力とは，暴力，威力と詐欺的手法を駆使して経済的利益を追求する集団または個人，と定義付けられている。

⑵　政府指針において定められている反社会的勢力への対応方法には，反社会的勢力と知らずに契約関係に入った場合でも，反社会的勢力との疑いが生じた時点で，すみやかに関係を解消することが含まれている。

⑶　反社会的勢力から不当な要求がなされた場合，まずは「検討する」「上司に相談する」等の返事をしておき，正式な回答を検討するのに必要な時間を稼ぐことが肝要である。

⑷　反社会的勢力への対応として，取引約定時に，「当社が貴金融機関において定める反社会的勢力に該当する場合には，貴金融機関から当社とのすべての取引を解約され，期限の利益を喪失しても異議はありません」等の暴力団排除条項を盛り込んでおくことが重要である。

解答ポイント＆正解

政府指針では，反社会的勢力とは，暴力，威力と詐欺的手法を駆使して経済的利益を追求する集団または個人，と定義付けられている。よって，⑴は適切である。

政府指針では，反社会的勢力への対応方法が明示されており，その中には，反社会的勢力と知らずに契約関係に入った場合でも，反社会的勢力との疑いが生じた時点で，すみやかに関係を解消することが挙げられている。よって，⑵は適切である。

反社会的勢力からの不当な要求に対して，「検討する」とか「上司に相談する」等の相手に期待をもたせる発言は行ってはならず，断固たる態度で組織的に対応することが大切である。よって，⑶は適切でなく，これが本問の正解である。

相手が反社会的勢力と判明したときに，ただちに関係を解消することができるよう，取引の際の契約書の約定に，取引の解約，期限の利益の喪失等を含む暴力団排除条項を盛り込んでおくことが重要である。よって，⑷は適切である。

正解：⑶

正解率：84.34%

公式テキスト **第1編2-7「反社会的勢力との関係遮断」**

金融取引とコンプライアンス

問−11 善管注意義務

善管注意義務に関する記述について，適切でないものは次のうちどれですか。

(1) 善管注意義務は通常，その職業，その属する社会的・経済的地位などにおいて一般的に要求される注意義務と解されており，その者の個人的な資質や能力を基準とするものではない。

(2) 窓口における預金の払戻しの際の印鑑照合について，金融機関職員は一般人以上に高い注意義務に服している。

(3) 善管注意義務は，自己の財産に対するのと同一の注意義務よりも重い義務である。

(4) 手形取引において手形債務者が異議申立てを行ったが，他の手形が資金不足により不渡りになった場合，金融機関は債務者の承諾を得ないで異議申立てを取り下げても善管注意義務に違反しない。

2022年10月（第57回）

解答ポイント＆正解

善管注意義務は通常，その職業，その属する社会的・経済的地位などにおいて一般的に要求される注意義務と解されている。よって，(1)は適切である。

金融機関職員は，印鑑照合について一般人以上に高い注意義務に服している。よって，(2)は適切である。

民法上，善管注意義務と比較される概念として「自己の財産に対するのと同一の注意義務」がある。これは無償で他人物の寄託を受けた者が当該物に対して負担する義務であり，他人物であるものの無償であるために自己の財産管理と同一の注意義務で足りるとされているもので，善管注意義務より軽い義務である。よって，(3)は適切である。

手形取引において手形債務者から異議申立てを受任した場合，これは委任契約であるから，金融機関は善管注意義務を負っている。異議申立後に他の手形が資金不足により不渡りとなった場合でも，金融機関が債務者の承諾を得ないで異議申立てを取り下げた場合，善管注意義務に違反する。よって，(4)は適切でなく，これが本問の正解である。

正解：(4)　正解率：82.25%

公式テキスト　第2編3-4「善管注意義務」

問―12　守秘義務

守秘義務に関する記述について，適切でないものは次のうちどれですか。

(1)　個人信用情報機関への一定範囲の顧客情報の登録については，顧客の承諾があれば，金融機関の守秘義務は免除される。

(2)　金融機関は，預金口座の不正利用に関する弁護士会からの照会に対し，個々の具体的事案ごとに，金融機関に課せられた守秘義務も勘案しながら，照会制度の趣旨に沿って，適切な判断を行う態勢を整備することが求められる。

(3)　顧客の資産に対する仮差押えのため，裁判所へ顧客の資産状況などを疎明資料等として提出する場合には，金融機関の権利行使に必要であるか否かにかかわらず，無制限に守秘義務が免除される。

(4)　金融機関の守秘義務は，契約上，または商慣習上，あるいは信義則上，金融機関に課せられた法的義務であると考えられており，金融機関がこの義務に違反した場合には，損害賠償請求を受ける可能性がある。

解答ポイント＆正解

金融機関は，顧客との取引およびこれに関連して知り得た顧客の情報を正当な理由なく，第三者に開示してはならないという守秘義務を負っているが，顧客が情報開示を承諾した場合には守秘義務は免除される。そのため，第三者に該当する個人信用情報機関への一定範囲の顧客情報の登録についても，顧客の承諾があれば守秘義務は免除される。よって，⑴は適切である。

金融機関は，預金口座の不正利用に関する弁護士会からの照会に対して，被害者救済の観点からも前向きに対応しなくてはならない。金融庁の監督指針においては，裁判所からの調査嘱託や弁護士法にもとづく照会等に対して，個々の具体的事案ごとに，金融機関に課せられた守秘義務も勘案しながら，これらの制度の趣旨に沿って，適切な判断を行う態勢を整備することが求められている。よって，⑵は適切である。

顧客の資産に対する仮差押えをするため，裁判所へ顧客の資産状況などを疎明資料等として提出する場合は，金融機関の権利行使に必要な限度で守秘義務が免除される。これらの権利行使は正当行為だからである。したがって，必要な限度を超えて無制限に守秘義務が免除されるものではない。よって，⑶は適切でなく，これが本問の正解である。

金融機関の守秘義務については，法律上の明文の規定はないが，契約上，または商慣習上，あるいは信義則上，金融機関に課せられた法的義務であると考えられている。そして，金融機関の守秘義務違反によって顧客に損害が発生した場合には，金融機関には損害賠償責任が生ずる可能性がある。よって，⑷は適切である。

正解：⑶　**正解率：77.42%**

公式テキスト　**第2編3-5「守秘義務」**

問－13　権利の濫用

権利の濫用に関する記述について，適切なものは次のうちどれですか。

⑴　根抵当権の実行により約束手形の割引依頼人に対する買戻請求権を回収できることが明らかであるにもかかわらず，買戻請求権と手形割引依頼人の預金債権を相殺することは，権利の濫用に該当する。

(2) 割り引いた約束手形が不渡りとなった場合は，金融機関は割引依頼人に対して割引手形の買戻請求権を行使できるから，僚店にある割引手形の振出人の預金と割引手形の手形債権を相殺することは，権利の濫用に該当する。

(3) 顧客が有する複数の定期預金の１つが差し押さえられた場合において，当該顧客の依頼により，当該顧客に対する融資債権と被差押預金債権を相殺することは，権利の濫用に該当しない。

(4) 顧客の金融機関に対する異議申立預託金返還請求権が差し押さえられたときに，当該金融機関が顧客に対する融資債権と顧客の異議申立預託金返還請求権を相殺することは，権利の濫用に該当しない。

解答ポイント＆正解

金融機関が保有する根抵当権の対象不動産の価額が手形買戻請求権を上回っていれば，金融機関は根抵当権を実行することによって手形買戻請求権を回収できる蓋然性は高いといえる。しかし，そもそも競落価額は時価を下回ることが多いうえ，根抵当権の実行には時間がかかり，その間に対象不動産の時価が下落するリスクもある。これに対して，相殺は，相手方に対する意思表示によって簡易・迅速になしうる回収手段であり，金融機関が根抵当権を有する場合でも相殺による回収を図るのは当然であり，権利の濫用に該当しない。よって，(1)は適切でない。

割り引いた約束手形が不渡りとなったとき，金融機関は割引依頼人に対して割引手形の買戻請求権を有すると同時に割引手形の振出人に対して手形債権を有する。金融機関は，割引依頼人に対する手形買戻請求権と割引依頼人の預金債権を相殺することなどにより債権回収を図ることが多いが，振出人に対する手形債権と振出人の当該金融機関に対する預金債権を相殺することも，簡易な債権回収の手段とされており差し支えなく，権利の濫用に該当しない。よって，(2)は適切でない。

顧客が複数の預金を有している場合において，金融機関が差し押さえられていない預金債権との相殺によって融資債権の回収を図ることができるにもかかわらず，顧客の依頼により，あえて差し押さえられた預金債権と相殺する行為は，「狙い撃ち相殺」として，権利の濫用に該当する。よって，(3)は適切でない。

金融機関は，取引先が取引停止処分を免れるために不渡手形の手形金額相当額の異議申立預託金を交付した場合，これをもとに手形交換所に対して異議申立提供金を提供して異議申立てをすることができる。当該取引先の債権者は，当該取引先の当該金融機関に対する異議申立預託金返還請求権を差し押さえることができるが，その場合であっても，当該金融機関は，当該取引先に対する融資債権を自働債権とし，異議申立預託金返還請求権を受働債権として相殺することができる。したがって，権利の濫用に該当しない。よって，(4)は適切であり，これが本問の正解である。

正解：(4)　**正解率：28.22%**

公式テキスト　**第2編3-2「権利濫用の禁止・公序良俗違反」**

問―14　公序良俗違反

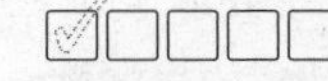

公序良俗違反に関する記述について，適切でないものは次のうちどれですか。

(1)　違法な風俗営業設備の建築資金として使われることを知らないで金融機関が融資を実行した場合，結果的に違法な風俗営業設備が建設されたときには，当該融資自体も公序良俗に違反し，無効となる。

(2)　融資した資金がいわゆるヤミ金融業者に転貸されることを知って金融機関が融資した場合には，当該融資は公序良俗に違反し，無効である。

(3)　抵当権の被担保債権の発生原因である融資契約が公序良俗に反し無効であることを物上保証人が知っていた場合でも，当該抵当権は無効である。

(4)　融資した資金が公序良俗に違反する使途に使用されることを知って融資をした場合，融資契約にもとづいて金銭の返還を請求することはできないが，原則として不当利得にもとづく返還請求もできない。

解答ポイント＆正解

違法な風俗営業は反社会性の強い行為であり，違法な風俗営業設備を建設するための資金の供与も反社会性の強い行為であるから，これを目的とする融資契約は公序良俗に反し無効である。しかしながら，金融機関において，融資金が違法な風俗営業の設備投資に使われることを知らなかったときは，違法な設備投資を目的とする融資契約が締結されたとはいえない。よって，⑴は適切でなく，これが本問の正解である。

ヤミ金融業者とは，違法な高金利を取って営業をしたり違法な取立てを行ったりする悪質な金融業者である。違法な目的に使用されることを知って融資をした場合，当該融資は公序良俗に反し，無効である。よって，⑵は適切である。

抵当権の被担保債権の発生原因である融資契約が公序良俗に反し無効である場合には，物上保証人がそのことを知っているか否かにかかわらず，担保物権の付従性により，当該抵当権も無効になる。よって，⑶は適切である。

公序良俗に違反する使途に使用されることを知って締結された融資契約は無効であり，金融機関は，融資契約にもとづく金銭の返還請求はできないが，融資金相当額の不当利得の返還請求権を取得する。ただし，この融資金相当額（不当利得）は不法な原因のための給付であり，このような給付をした者の救済に手を貸すのは適当ではないため，その融資金相当額（不法原因給付）の返還請求は原則としてできない。よって，⑷は適切である。

正解：⑴　正解率：59.13%

公式テキスト　第2編3-2「権利濫用の禁止・公序良俗違反」

問−15 融資契約

融資契約に関する記述について，適切でないものは次のうちどれですか。

(1) 書面でする金銭消費貸借契約は，金融機関が金銭の引渡しを約し，借主がその返還を約することによってその効力を生ずる。

(2) 書面でする金銭消費貸借契約は，借主が金融機関から金銭を受け取る前に破産手続開始の決定を受けたときは，その効力を失う。

(3) 金融機関が融資証明書を発行して融資の約束をした場合，一方的に融資の約束を破棄した金融機関は，不法行為責任を負う可能性がある。

(4) 金融機関が，融資案件の内部稟議の結果，申込金額の一部について融資を承諾する旨を顧客に通知した場合は，当該金額での金銭消費貸借が合意されたものとみなされる。

解答ポイント＆正解

書面でする金銭消費貸借契約は，金融機関が金銭の引渡しを約し，借主がその返還を約することによってその効力を生ずる。よって，(1)は適切である。

書面でする金銭消費貸借契約は，借主が金融機関から金銭を受け取る前に破産手続開始の決定を受けたときは，その効力を失う。よって，(2)は適切である。

金融機関が融資証明書を発行して融資の約束をした場合，一方的に融資の約束を破棄した金融機関は，不法行為責任を負う可能性がある。よって，(3)は適切である。

金融機関が，融資案件の内部稟議の結果，申込金額の一部について融資を承諾する旨を顧客に通知したときは，当初の申込を拒絶するとともに新たな申込をしたものとみなされる。よって，(4)は適切でなく，これが本問の正解である。

正解：(4)

正解率：67.73%

公式テキスト 第2編3-1「貸手責任・信義誠実の原則」

問−16 使用者責任

使用者責任に関する記述について，適切でないものは次のうちどれですか。

(1) 人材派遣会社による派遣を受けた店頭サービス係員の過失により，顧客が金融機関内で怪我をした場合，当該職員は当該金融機関の被用者であるから，当該金融機関は使用者責任を負う。

(2) 金融機関の職員が集金中に，スピード違反に起因する交通事故により，歩行者に怪我を負わせた場合であっても，事業の執行について第三者に損害を負わせたものとして，金融機関が使用者責任を負う可能性がある。

(3) 使用者責任の根拠は，他人を使用して事業を拡大して収益を得ている者は，その反面，被用者が事業の執行に関して行った不法行為の責任を負担することに合理性があるという報償責任の考え方にあることから，使用者責任にもとづき被害者に賠償した金融機関は，被用者に対する求償権の行使は許されない。

(4) 金融機関は，被用者である職員の選任およびその事業の監督について相当の注意をしたときは使用者責任を負わない。

解答ポイント＆正解

人材派遣会社から派遣された店頭サービス係員は，派遣先金融機関の指揮・監督に服しているため使用関係があると認められ，金融機関が使用者責任を負う。よって，(1)は適切である。

使用者責任が認められるためには，被用者が事業の執行に関して第三者に損害を与えたといえる必要があるが，第三者保護の観点より，外形的に職務の範囲内と判断できれば事業の執行に関すると評価される。よって，(2)は適切である。

使用者責任の根拠は，他人を使用して事業を拡大して収益を得ている者は，その反面，被用者が事業の執行に関して行った不法行為の責任を負担することに合理性があるという報償責任の考え方にある。被害者に対して賠償した使用者から被用者に対する求償は，損害の公平な分担という観点から，信義則上妥当と考えられる範囲で認められている。よって，⑶は適切でなく，これが本問の正解である。

使用者は，被用者の選任およびその事業の監督について相当の注意をしたとき，使用者責任を免責される。よって，⑷は適切である。

正解：⑶　正解率：67.14%

公式テキスト 第2編3-6「使用者責任」

問－17 相続

相続に関する記述について，適切でないものは次のうちどれですか。

⑴ 預金者の死亡の事実が確認された場合，金融機関はただちに預金の入出金停止の措置をとる必要がある。

⑵ 自筆証書遺言保管制度を利用していた場合でも，相続発生後の家庭裁判所の検認手続が必要である。

⑶ 相続人から法定相続情報証明制度にもとづく法定相続情報一覧図を受け入れた場合には，相続人の範囲を確定するための，被相続人の出生から死亡までの連続した戸籍謄本等をあらためて確認する必要はない。

⑷ 兄弟姉妹には，遺留分が認められない。

解答ポイント＆正解

預金者の死亡の事実が確認された場合，金融機関はただちに預金の入出金停止の措置をとる必要がある。よって，⑴は適切である。

自筆証書遺言保管制度を利用していた場合，相続発生後の家庭裁判所の検認手続は不要とされている。よって，(2)は適切でなく，これが本問の正解である。

法定相続情報証明制度にもとづく法定相続情報一覧図があれば，これにより相続関係を証明することができる。したがって，法定相続情報一覧図を受け入れた場合は，被相続人の出生から死亡までの連続した戸籍謄本等をあらためて確認する必要はない。よって，(3)は適切である。

兄弟姉妹には，遺留分が認められない。よって，(4)は適切である。

正解：(2)　**正解率：59.22%**

取引約款

取引約款に関する記述について，適切でないものは次のうちどれですか。

(1)　民法上の定型約款の変更が相手方の一般の利益に適合するときは，変更の効力発生時期到来後に変更内容等の周知がなされた場合でも，相手方にとって不利益はなく変更の効力が生じる。

(2)　預金規定を変更する場合，当該変更が預金者の一般の利益に適合するとき，または，預金規定の変更が契約の目的に反せず，かつ，変更に係る事情に照らして合理的なものであるときは，預金者との個別の合意をしないで変更することができる。

(3)　預金取引約款に暴力団排除条項が追加された場合，同条項が追加される前に締結された預金契約に対しても，同条項が適用されるとする裁判例がある。

(4)　総合口座取引規定ひな型は，取引先につき相続が開始したときは，金融機関からの請求がありしだい，貸越元利金等を支払うべき旨を定めている。

解答ポイント＆正解

民法上の定型約款の変更が，契約の目的に反せず，かつ，変更に係る事情に照らして合理的なものであるときは，相手方保護の観点から変更後の定型約款の効力発生時期が到来するまでに，その効力の発生時期を定め，かつ，定型約款を変更する旨および変更後の定型約款の内容ならびにその効力発生時期をインターネットの利用その他の適切な方法により周知しなければ，変更の効力は生じない。ただし，当該変更が相手方の一般の利益に適合するときは，相手方にとって有利な変更であるから，変更の効力発生時期到来後に周知がなされた場合でも，相手方にとって不利益はなく変更の効力が生じる。よって，⑴は適切である。

預金規定を変更する場合，当該変更が預金者の一般の利益に適合するとき，または，預金規定の変更が契約の目的に反せず，かつ，変更に係る事情に照らして合理的なものであるときは，預金者との個別の合意をしないで変更することができる。よって，⑵は適切である。

預金取引約款に暴力団排除条項が追加された場合，同条項が追加される前に締結された預金契約に対しても，同条項が適用されるとする裁判例がある。よって，⑶は適切である。

総合口座取引規定ひな型は，取引先につき相続が開始したときは，金融機関からの請求がなくても，貸越元利金等を支払うべき旨を定めている。よって，⑷は適切でなく，これが本問の正解である。

正解：⑷　正解率：53.80%

2022年10月（第57回）

情実融資

情実融資に関する記述について，適切でないものは次のうちどれですか。

⑴　情実融資とは，本来であれば償還能力等に問題があって融資できないような案件について，取引先から接待等を受け，金融機関の担当者

等が取引先と個人的に親密な関係が生じたため，融資基準を甘くして融資することである。

(2) 銀行の支店長が取引先の不正な意図を知りながら接待を要求した場合，会社法上の収賄罪が成立する可能性があり，民事的には不法行為による損害賠償責任が生じる可能性がある。

(3) 情実融資により金融機関に損害を与えた融資担当者は，背任罪または特別背任罪に問われ，懲役刑に処せられる可能性がある。

(4) 親密な取引先からの依頼を受けて，良い見通しとなるように資金繰り表を偽装して稟議申請して融資に取り組み，結果として変更したとおりの資金繰りとなった場合，この融資は情実融資に該当しない。

解答ポイント＆正解

情実融資とは，本来であれば償還能力等に問題があって融資できないような案件について，取引先からの接待等を受け，金融機関の担当者等が取引先と個人的に親密な関係が生じたため，融資基準を甘くして融資することである。よって，(1)は適切である。

銀行の支店長が取引先の不正な意図を知りながら接待を要求した場合，会社法上の収賄罪が成立する可能性がある。また，民事的には不法行為による損害賠償責任が生じる可能性がある。よって，(2)は適切である。

情実融資により金融機関に損害を与えた融資担当者は，背任罪または特別背任罪に問われ，懲役刑に処せられる可能性がある。よって，(3)は適切である。

たとえ，結果として変更した内容の資金繰りとなったとしても，稟議申請の時点では情実融資である。よって，(4)は適切でなく，これが本問の正解である。

正解：(4)　正解率：92.72%

公式テキスト　第2編5-2「贈収賄罪」

※令和４年６月17日に刑法等の一部を改正する法律が公布され，「懲役」が「拘禁刑」に改められた。施行は，令和７年６月１日と定められた。

出典：法務省ウェブサイトを一部加工。

問−20　仮装払込

仮装払込に関する記述について，適切でないものは次のうちどれですか。

⑴　会社法は，出資の履行を確保するため，株式会社の設立および新株発行について，預合いを刑罰をもって禁止している。

⑵　株式払込金保管証明書を発行した払込取扱金融機関は，払込金額が不足した場合であっても，同証明書に記載された金額があるものとして返還に応じなければならない。

⑶　株式払込金を融資する場合は，通常の返済能力の審査だけでなく，融資金が仮装払込となるおそれがないかどうか，確認することも必要である。

⑷　見せ金であることを知らずに株式払込金保管証明書を発行した金融機関の役職員であっても，刑事責任を負う可能性がある。

2022年10月（第57回）

解答ポイント＆正解

会社法は，出資の履行を確保するため，株式会社の設立および新株発行について，預合いを刑罰をもって禁止している。よって，⑴は適切である。

株式払込金保管証明書を発行した払込取扱金融機関は，払込がなかったこと，または払い込まれた金銭の返還に関する制限があることをもって，会社に対抗することができない。よって，⑵は適切である。

株式払込金を融資する場合は，通常の返済能力の審査だけでなく，融資金が仮装払込となるおそれがないかどうか，確認することも必要である。よって，⑶は適切である。

見せ金は預合いとは異なり，払込取扱金融機関の役職員と通謀することなく，むしろ仮装払込であることを隠して一時的に払込をするものの，その後すぐに当該預金を払い戻して出資の原資に充てた借財を弁済することをいい，見せ金であることを知らなかった金融機関の役職員は刑罰の対象とならない。よって，(4)は適切でなく，これが本問の正解である。

正解：(4)　正解率：51.02%

公式テキスト　第2編4-1「仮装払込」

問―21　利益相反取引

利益相反取引に関する記述について，適切なものは次のうちどれですか。

(1)　A銀行がA銀行の取締役Bに対して融資をするには，B以外の取締役の過半数が取締役会に出席し，その出席取締役の過半数をもって承認決議がなされる必要がある。

(2)　C株式会社の取締役Dが，C社の100％子会社であるE株式会社の唯一の代表取締役であるときに，F金融機関のE社に対する融資についてC社が保証をすることは，利益相反取引に該当しない。

(3)　G株式会社が同社の取締役Hに対して，同社所有の不動産を売却する場合において，その売買価格がG社とは無関係な中立の不動産鑑定士等の専門家による鑑定評価額と同額以上であれば，G社・H間の売買は利益相反取引に該当しない。

(4)　I金融機関に対し，J社名義の保証書と利益相反取引について承認決議があった旨が記載されたJ社取締役会議事録写しが提出された場合，I金融機関の担当者が，実際にはそのような取締役会の承認決議がないことを知っていたときでも，取締役会議事録写しが提出されている以上，I金融機関とJ社との間の保証契約は有効である。

解答ポイント＆正解

Ａ銀行から取締役Ｂへの融資は，当然，利益相反取引に該当する。会社法の原則によれば，取締役会設置会社においては，利益相反取引を行うには取締役会の承認が必要である。また，銀行は，株式会社であって，取締役会を置くものでなければならないところ，銀行の取締役に対する信用供与については，取締役会の決議要件が厳格化されており，出席取締役の３分の２以上にあたる多数をもって決することとなっている。よって，⑴は適切でない。

Ｃ社の取締役Ｄが，Ｃ社の100％子会社であるＥ社の唯一の代表取締役である場合，Ｃ社とＥ社との間に利益相反を観念することはできないので，Ｅ社に対する融資についてＣ社が保証することは，利益相反取引には該当しない。よって，⑵は適切であり，これが本問の正解である。

取締役が，会社が一般的・定型的に提供している商品・サービスを購入しても，会社は不利益を被らないし，取締役も利益を享受しないから利益相反取引に該当しない。しかし，不動産取引は個別性が強く，一般的・定型的な取引であるとはいえない。鑑定評価額による売買であることは会計上・税務上は意味があるとしても，利益相反取引に該当するか否かということについては何ら無関係である。よって，⑶は適切でない。

Ｉ金融機関の担当者が，受け取ったJ社取締役会議事録写しの記載は虚偽であり，現実にＪ社では取締役会の承認決議がないことを知っていたのであれば，Ｉ金融機関・Ｊ社間の保証契約は無効である。よって，⑷は適切でない。

正解：⑵　正解率：49.80%

公式テキスト　**第1編2-1「取締役・取締役会の義務と責任」**

問―22　手形・小切手

手形・小切手に関する記述について，適切なものは次のうちどれですか。

⑴　融資取引がない当座取引先の過振りは，与信管理を行う必要はな

2022年10月（第57回）

い。

(2) 約束手形の裏書欄に裏書人の記名捺印があれば，裏書日や裏書人の住所，被裏書人欄の記載がなくても，裏書の効力が認められる。

(3) 裏判がある線引小切手について，当座勘定規定に従い持参人（未取引先）に支払った金融機関は，当該支払いによって第三者が損害を被ったとしても，小切手法上の賠償責任を問われることはない。

(4) 振出日または受取人欄が白地の約束手形を取り立てて不渡返還された場合，取立依頼人は，当該白地を補充すれば裏書人に対して遡求権を行使できる。

解答ポイント＆正解

過振りは当座取引先に対する信用供与の一種であり，他の貸出等と同様に与信管理を行うべきである。よって，(1)は適切でない。

約束手形の裏書欄に裏書人の記名捺印があれば，裏書日や裏書人の住所，被裏書人欄の記載がなくても，裏書の効力が認められる。よって，(2)は適切であり，これが本問の正解である。

裏判がある線引小切手について，当座勘定規定に従い持参人（未取引先）に支払った金融機関は，小切手法に違反したことになり，損害賠償責任を問われるおそれがある。よって，(3)は適切でない。

振出日または受取人欄が白地の約束手形による支払呈示は無効であり，支払呈示後に白地を補充しても，呈示の時にさかのぼって有効とはならない。この場合，手形の所持人（取立依頼人）は，裏書人等の遡求義務者に対する手形上の権利（遡求権）を行使することはできない。よって，(4)は適切でない。

正解：(2)

正解率：73.10%

(公式テキスト) **第2編4-4「手形・小切手」**

問−23 文書偽造

☑□□□□

文書偽造に関する記述について，適切なものは次のうちどれですか。

(1) 弁護士ではないAが，同姓同名の弁護士が実在することを知って，「弁護士A」という肩書付きの名義で普通預金口座開設申込書に署名押印した場合，Aの姓名が記載されている以上は，私文書偽造罪は成立しない。

(2) 預金残高証明書を発行する権限を有する金融機関の支店長が，取引先から依頼を受けて虚偽の預金残高証明書を作成した場合，私文書偽造罪が成立することはない。

(3) B金融機関C支店所在地の町内会長が，秋季運動会を主催するにあたり，当該金融機関の承諾を得ないまま，「後援：B金融機関C支店」と記載したポスターを町内会の掲示板に貼付した場合，私文書偽造罪が成立する。

(4) 預金者が正当に発行された預金残高証明書の金額欄を改ざんして取引先にファクシミリで送信しても，その改ざん後の預金残高証明書そのものを当該取引先に呈示しない限り，私文書偽造罪は成立しない。

解答ポイント＆正解

私文書偽造の本質は，文書の名義人と作成者との間の人格の同一性を偽る点にある。たとえ名義人の氏名がAの氏名と同一であったとしても，文書が弁護士としての業務に関連して弁護士資格を有する者が作成した形式・内容のものである以上，名義人と作成者の人格の同一性に齟齬を生じさせたといえるから，私文書偽造罪が成立する。よって，(1)は適切でない。

私文書偽造罪のうち，文書作成権限のある者による虚偽文書作成においては，例外として医師による虚偽診断書作成等が処罰対象とされているが，金融機関の支店長によるものは対象となっていない。よって，(2)は適切であり，これが本問の正解である。

秋季運動会のポスターは，権利義務に関する文書でも，事実証明に関する文書でもないから，私文書偽造罪の対象になる文書ではない。よって，(3)は適切でない。

私文書偽造罪にいう「文書」とは原本に限らず，写しもまた偽造罪の対象となる文書性を有する。公文書偽造罪に関するものであるが，判例は，「たとえ原本の写であっても，原本と同一の意識内容を保有し，証明文書としてこれと同様の社会的機能と信用性を有するものと認められる限り，これに含まれるものと解するのが相当である。…（略）…写真コピーは，写ではあるが，複写した者の意識が介在する余地のない，機械的に正確な複写版であって，…（略）…原本と同程度の社会的機能と信用性を有するものとされている場合が多い」としている。ファクシミリも機能の向上により，原本を機械的に正確に複写しており，原本と同程度の社会的機能と信用性を有するといえる。そして，金融機関が発行する預金残高証明書は，預金の残高の「事実証明」に関する文書といえる。よって，(4)は適切でない。

正解：(2)　正解率：11.38%

公式テキスト　第2編5-1「文書偽造等」

問ー24　業務上横領罪

金融機関職員の次の行為のうち，業務上横領罪が成立するものはどれですか。

(1)　得意先係が，顧客宅を往訪した帰りに，公道上に他人の財布が落ちているのを見つけ，この財布を持ち去った。

(2)　為替係が，他の金融機関から振込を受信したが，受取人口座として指定された預金口座がすでに解約されていたため，自己の預金口座に振込金相当額を入金した。

(3)　総務係が，自分の子供にせがまれて，支店長が管理する用度品庫から，販促品を自宅に持ち帰った。

(4)　支店長が，高額預金者の住所録を他の金融機関に不正に売却しようと考え，当該住所録を自己のキャビネットから社外に持ち出してコンビニエンスストアでコピーし，自己のキャビネットに戻した。

解答ポイント＆正解

得意先係は，公道について何ら管理権限を有しておらず，公道上に落ちていた他人の財布を占有しているはずもない。よって，⑴の行為について，業務上横領罪は成立しない。

他の金融機関から振込を受信した際に，受取人口座として指定された預金口座がすでに解約されているときは，為替係は仕向銀行に対してその旨を通知して振込金相当額を返却する事務を行う者であるが，当該振込金相当額を占有したとはいえない。よって，⑵の行為について，業務上横領罪は成立しない。

用度品庫にある販促品は金融機関の所有物であり，総務係にとって他人の物である。しかも，用度品庫にある物品について管理権限を有するのは支店長であって，総務係は用度品庫にある販促品を占有していない。よって，⑶の行為について，業務上横領罪は成立しない。

高額預金者の住所録は，金融機関の財産であるから，支店長にとって他人の物といえる。支店長は，自己のキャビネットに当該住所録を保管しているから，当該住所録を占有しており，かつ，その占有は業務上といえる。そして，当該住所録をコンビニエンスストアでコピーするために社外に持ち出す行為は，自己の物のように処分する行為と同視することができ，「横領」に該当する。よって，⑷の行為について，業務上横領罪が成立し，これが本問の正解である。

正解：⑷　正解率：50.20%

公式テキスト　第2編5-5「横領罪」

問ー25 背任罪

金融機関職員の背任罪に関する記述について，適切なものは次のうちどれですか。

⑴ 背任罪が成立するためには，自己もしくは第三者の利益を図る目的があることが必要であり，たんに本人（金融機関）に損害を加える目的があっただけでは足りない。

⑵ 金融機関の職員が融資先の依頼により回収見込みのない融資を行った場合，融資を行った職員の金融機関に対する背任行為が問題となることはあっても，融資先が刑事責任を問われることはない。

⑶ 自己の利益を図る目的があったといえるためには，必ずしも財産上の利益を図る目的は必要とされず，自己の地位を守るといった非財産的な利益を図る目的でも足りる。

⑷ 金融機関の職員が回収見込みのない融資を行った場合，実際に返済時期が到来して回収不能が確定した時点で背任罪が成立する。

解答ポイント＆正解

刑法247条は，背任罪の要件として，①他人のためにその事務を処理する者が，②自己もしくは第三者の利益を図り，または本人に損害を加える目的（図利・加害目的）で，③その任務に背く行為をし，④本人に財産上の損害を加える，ことを挙げている。したがって，本人（金融機関）に損害を加える目的があっただけでは足りない，ということはない。よって，⑴は適切でない。

融資先の依頼により背任行為にあたるような不正融資が行われた場合，依頼した融資先は背任罪の共同正犯たりうるとするのが判例である。よって，⑵は適切でない。

図利・加害目的の「図利」は，必ずしも財産的利益に限られず，自己の地位の保全といった身分上の利益も含むと解される。よって，⑶は適切であり，これが本問の正解である。

回収見込みのない融資を行った場合，たとえ融資先に対して請求権を有していても現実に回収が困難であれば，回収不能という結果を待つまでもなく財産上の損害があったと評価されて背任罪が成立する。よって，(4)は適切でない。

正解：(3)　正解率：78.33%

公式テキスト　第2編4-2「特別背任罪（背任罪）」

問−26　詐欺罪および電子計算機使用詐欺罪

詐欺罪および電子計算機使用詐欺罪に関する記述について，適切でないものの組合せは次のうちどれですか。

(a)　Aの預金口座に誤振込があったとき，誤振込であることを認識しながら，誤振込の事実を隠して金融機関の窓口で預金の払戻しを請求し，窓口係員が現金を交付した場合，Aに詐欺罪が成立する。

(b)　Bが，不正に入手したCのキャッシュカードを用いて金融機関のATMでCの口座から預金を引き出したときは，Bに詐欺罪ではなく窃盗罪が成立する。

(c)　金融機関の職員Dが，金融機関名義で，Eへの回収の見込みのない不正融資のためにオンラインシステムの端末を操作してE名義の口座へ貸付金を入金処理した場合，Dには電子計算機使用詐欺罪が成立する。

(d)　Fが，預金通帳を第三者に譲渡するため，そのような意図を金融機関の窓口係員に隠したまま，自己名義の預金口座の開設を申し込み，これによって預金通帳の交付を受けたとしても，他人名義ではなく自己名義の口座である以上，詐欺罪は成立しない。

(1)　(a)，(b)

(2)　(b)，(c)

(3)　(c)，(d)

(4) (a), (d)

解答ポイント＆正解

詐欺罪が成立するためには，「人を欺いて」財物を交付させること等が必要であるが，誤振込であることを隠して預金の払戻しを請求する行為は，金融機関の窓口職員を欺いたものといえ，その結果，窓口係員が現金を交付した場合は詐欺罪が成立する。よって，(a)は適切である。

金融機関のATMで口座から預金を引き出したとしても，ATMは機械であり，「人」を欺いて錯誤にもとづいて処分行為をさせたとはいえないことから，当該行為に詐欺罪は成立しない。もっとも，ATMで保管されている現金は金融機関の占有物なので，当該行為は金融機関の意思に反して現金の占有を取得したとして，窃盗罪が成立する。よって，(b)は適切である。

電子計算機使用詐欺罪は，①人の事務処理に使用する電子計算機に虚偽の情報もしくは不正な指令を与えて財産権の得喪もしくは変更に係る不実の電磁的記録を作り，または②財産権の得喪もしくは変更に係る虚偽の電磁的記録を人の事務処理の用に供して，財産上不法の利益を得，または他人にこれを得させる行為に成立する。職員Dは，回収の見込みがない不正融資を行っているが，融資行為自体は民法上有効であるため，電子計算機に与えられた情報は虚偽のものとはいえず，また作出された電磁的記録も不実のものとはいえないことから，Dの行為に電子計算機使用詐欺罪は成立しない。よって，(c)は適切でない。

自己名義であっても，預金通帳を第三者に譲渡する意図を隠して預金口座の開設を申し込み，預金通帳の交付を受けた場合は詐欺罪が成立する。よって，(d)は適切でない。

以上より，(3)が本問の正解である。

正解：(3)

正解率：40.78%

公式テキスト **第2編5-4「詐欺罪・窃盗罪」**

公正証書原本不実記載罪

公正証書原本不実記載罪（電磁的公正証書原本不実記録罪を含む）に関する記述について，適切でないものは次のうちどれですか。

⑴　債権者による強制執行を免れるため，不動産の所有権を移転する意思がないにもかかわらず，不動産を親族に仮装譲渡し，所有権の移転登記申請が行われて，そのような登記がなされた場合は，公正証書原本不実記載罪が成立する。

⑵　不動産を贈与により取得したにもかかわらず，売買により取得したと取得原因を偽った登記申請を行い，そのような登記がされた場合には，公正証書原本不実記載罪が成立する。

⑶　実在しない人の名義で普通預金口座開設申込書に署名押印した場合には，公正証書原本不実記載罪が成立する。

⑷　公正証書原本不実記載罪は，①公務員に対し虚偽の申立てをして，②登記簿や戸籍簿のような権利義務に関する公正証書の原本に不実の記載をさせること，または公正証書の原本として用いられる電磁的記録に不実の記録をさせることで成立する犯罪である。

解答ポイント＆正解

所有権移転の意思がないにもかかわらず，不動産を仮装譲渡し，所有権移転登記申請をしてそのような登記がなされた場合，公正証書原本不実記載罪が成立する。よって，⑴は適切である。

不動産登記における取得原因は不動産の権利義務関係に影響を与えるので，現在の所有者が一致していても，取得原因を偽った登記申請を行い，そのような登記がされた場合には，公正証書原本不実記載罪が成立する。よって，⑵は適切である。

実在しない人の名義で普通預金口座開設申込書に署名押印した場合，私文書偽造罪が成立することはあっても，①公務員に対し虚偽の申立てをして，

②登記簿や戸籍簿のような権利義務に関する公正証書の原本に不実の記載をさせた，または，公正証書の原本として用いられる電磁的記録に不実の記録をさせた，とはいえないので，公正証書原本不実記載罪は成立しない。よって，(3)は適切でなく，これが本問の正解である。

公正証書原本不実記載罪は，①公務員に対し虚偽の申立てをして，②登記簿や戸籍簿のような権利義務に関する公正証書の原本に不実の記載をさせること，または公正証書の原本として用いられる電磁的記録に不実の記録をさせることで成立する犯罪である。よって，(4)は適切である。

正解：(3)　**正解率：78.06%**

公式テキスト　**第2編5-1「文書偽造等」**

問ー28　カルテル

カルテルに関する記述について，適切なものの組合せは次のうちどれですか。

(a)　複数の金融機関が同一金利とする合意をした場合，それが市場に影響を及ぼすかどうか，競争を実質的に制限することになるかどうかにかかわらず，カルテルが成立する。

(b)　カルテルを行った事業者には，カルテルを排除する命令だけでなく，課徴金を納付するよう命じられることがある。

(c)　カルテルを実施した事業者は，被害者から損害賠償請求を受けることがあるが，この責任は無過失責任とされている。

(d)　カルテルは，事業者が「共同して」行うものであり，事業者間に「意思の連絡」があることが要件となるが，この「意思の連絡」は明示的なものだけであり，黙示的なものは含まれない。

(1)　(a)，(b)

(2)　(b)，(c)

(3)　(c)，(d)

(4) (a), (d)

解答ポイント＆正解

カルテルは，他の金融機関と共同して，一定の金融市場という取引分野における競争を実質的に制限するものでなければならない。したがって，カルテルが成立するためには，当該市場に影響を及ぼすような複数の金融機関の間で金利等に関する合意がなされなければならず，それが競争を実質的に制限することとなることが必要である。よって，(a)は適切でない。

カルテルを行った事業者は，カルテルを排除する命令だけでなく，課徴金を納付する命令を受けることがある。よって，(b)は適切である。

カルテルを実施した事業者は，それによって被害者から損害賠償請求を受けることがあるが，独占禁止法では，この場合，事業者は故意または過失の有無を問わず，責任を免れることができないとされている。よって，(c)は適切である。

カルテルは，他の事業者と「共同して」対価等を決定することであるから，「共同して」というためには，事業者相互間に「意思の連絡」があったと認められることが必要である。この「意思の連絡」は明示的な合意がある場合だけでなく黙示の合意がある場合でも認められるとされる。よって，(d)は適切でない。

以上より，(2)が本問の正解である。

正解：(2)　正解率：15.16%

公式テキスト　第2編6-3「カルテル」

優越的地位の濫用

優越的地位の濫用に関する記述について，適切でないものは次のうちどれですか。

(1) 金融機関が，金利スワップ商品の購入を融資の条件とすることは，優越的地位の濫用に該当する可能性がある。

(2)　金融機関が融資の条件として，実質金利が高いなどの不当に不利益な条件で即時両建預金を要求する行為は，優越的地位の濫用に該当する。

(3)　金融機関が，信用状態が悪化した融資先に対して合理的な範囲で追加担保の差入れを要求する場合，当該融資先が延滞せず正常に返済を続けていたときは，優越的地位の濫用に該当する。

(4)　優越的地位の濫用は，独占禁止法だけではなく銀行法においても禁止されている。

解答ポイント＆正解

金融機関が融資先に，金利スワップ商品の購入が融資の条件である旨を明示・示唆するなどしてその購入を押し付けることは，優越的地位の濫用に該当する可能性がある。よって，(1)は適切である。

金融機関が融資の条件として，実質金利が高いなどの不当に不利益な条件で即時両建預金を要求する行為は，自己の取引上の地位が相手方に優越していることを利用して，正常な商慣習に照らして不当に，取引の相手方に不利益となるように取引の条件を設定したものとして，優越的地位の濫用に該当する。よって，(2)は適切である。

融資先が延滞していなくても，金融機関が合理的な範囲で追加担保を求めて債権保全を図ることは，優越的地位の濫用に該当するとはいえない。よって，(3)は適切でなく，これが本問の正解である。

優越的地位の濫用は，独占禁止法だけではなく銀行法においても禁止されている。よって，(4)は適切である。

正解：(3)　正解率：88.76%

公式テキスト　第2編6-2「不公正な取引方法」

適合性の原則

金融商品取引法における適合性の原則に関する記述について，適切でないものは次のうちどれですか。

⑴　適合性の原則とは，金融商品取引業者等が投資勧誘等に際して，投資者の知識・経験・財産状況および投資目的等にかんがみて，不適当と認められる勧誘を行ってはならないとする理念である。

⑵　金融商品取引業者等は，適合性の原則に違反した場合，業務改善命令等の行政処分を受ける可能性がある。

⑶　適合性の原則は，取引の相手方が特定投資家である場合にも適用される。

⑷　金融商品取引業者等は，適合性の原則に違反して顧客に損害を与えた場合，損害賠償義務を負うことがあるが，それにより刑罰を科されることはない。

解答ポイント＆正解

適合性の原則とは，金融商品取引業者等が投資勧誘等に際して，投資者の知識・経験・財産状況および投資目的等にかんがみて，不適当と認められる勧誘を行ってはならないとする理念である。よって，⑴は適切である。

金融商品取引業者等は，適合性の原則に違反した場合，業務改善命令等の行政処分を受ける可能性がある。よって，⑵は適切である。

特定投資家は，投資について豊富な専門知識をもっており，みずから適切な投資判断ができるため，適合性の原則は，特定投資家には適用されない。よって，⑶は適切でなく，これが本問の正解である。

金融商品取引業者等は，適合性の原則に違反して顧客に損害を与えた場合，損害賠償義務を負うことがあるが，適合性の原則に関しての違反行為について，刑罰を科されることはない。よって，⑷は適切である。

正解：⑶　正解率：78.33%

公式テキスト　第2編7-3「登録金融機関の行為規制」

断定的判断の提供

断定的判断の提供に関する記述について，適切でないものは次のうちどれですか。

⑴　断定的判断の提供の禁止に違反した場合，民事上の責任を負う可能性があることに加え，刑罰を科される可能性がある。

⑵　断定的判断の提供により勧誘を行い，結果的にその判断が正しかった場合でも法令違反となる。

⑶　断定的判断の提供が違法となるのは，これによって顧客の自由かつ自主的な投資判断が妨げられるからである。

⑷　断定的判断の提供が違法となるには，「必ず」「絶対」といった表現を用いることは必須の要件ではない。

解答ポイント＆正解

断定的判断の提供の禁止に違反した場合，民事上の責任を負う可能性はあるが，刑罰を科されることはない。よって，⑴は適切でなく，これが本問の正解である。

断定的判断の提供により勧誘を行い，結果的にその判断が正しかった場合であっても法令違反の責任を免れるわけではない。よって，⑵は適切である。

断定的判断の提供が違法となるのは，これによって顧客の自由かつ自主的な投資判断が妨げられるからである。よって，⑶は適切である。

断定的判断の提供が違法となるには，「必ず」「絶対」といった表現を用いることは必須の要件ではない。よって，⑷は適切である。

正解：⑴　正解率：60.26%

公式テキスト　第2編7-3「登録金融機関の行為規制」

問―32　投資信託の販売

投資信託の販売に関する記述について，適切なものは次のうちどれですか。

(1)　投資信託を販売するにあたっては，顧客が適格機関投資家であっても，目論見書を交付しなければならない。

(2)　金融機関の職員は，外務員資格試験に合格すれば，ただちに投資信託の販売を行うことができる。

(3)　特定の顧客に対して，所定の優遇金利を下回る特別の優遇金利での融資を約束して投資信託の購入を勧誘することは許されない。

(4)　投資信託の販売を行う金融機関は，金融商品取引法の規定にもとづいて，内部管理統括責任者・営業責任者・内部管理責任者をおかなければならない。

解答ポイント＆正解

投資信託を販売するにあたっては，顧客が適格機関投資家である場合，目論見書を交付しなくてもよい。よって，(1)は適切でない。

投資信託の販売を含む証券取引の勧誘を行うには，外務員資格試験に合格しただけでは足りず，外務員登録を受ける必要がある。よって，(2)は適切でない。

金融商品取引業者等の行為規制として，顧客もしくはその指定した者に対し，特別の利益の提供を約し，または顧客もしくは第三者に対し特別の利益を提供する行為も禁止される。金融機関が一定の条件を充足する顧客に対して所定の範囲内の優遇金利で融資をすることは特別なことではないが，特定の顧客に対してのみ所定の優遇金利を下回る特別の優遇金利での融資をすることは，特別の利益提供と考えられる。よって，(3)は適切であり，これが本問の正解である。

投資信託の販売を行う金融機関は，日本証券業協会の自主規制規則にもとづいて，内部管理統括責任者・営業責任者・内部管理責任者をおくことが求められている。よって，(4)は適切でない。

正解：(3)　**正解率：80.25%**

(公式テキスト) **第2編7-2「投資商品販売実務における改正事項」**

問―33　広告等規制

金融商品取引法における広告等規制に関する記述について，適切でないものは次のうちどれですか。

(1)　いわゆるアナリスト・レポートは，金融商品取引契約の締結の勧誘に使用しない目的で配布するものでも広告等の規制の対象となる。

(2)　リスク情報は，広告中の最も大きな文字・数字と著しく異ならない大きさで表示しなければならない。

(3)　広告等の規制の対象には，目論見書や一定の要件を満たすノベルティグッズは含まれない。

(4)　金融商品取引業者等は，広告等の規制に違反すれば刑罰に処せられる。

解答ポイント＆正解

いわゆるアナリスト・レポートは，金融商品取引契約の締結の勧誘に使用しない目的で配布するものであれば，広告等の規制の対象とはならない。よって，(1)は適切でなく，これが本問の正解である。

広告等の表示方法に関して，リスク情報は，広告中の最も大きな文字・数字と著しく異ならない大きさで表示しなければならない。よって，(2)は適切である。

広告等の規制の対象には，目論見書や一定の要件を満たすノベルティグッズは含まれない。よって，(3)は適切である。

金融商品取引業者等は，広告等の規制に違反すれば刑罰に処せられる。よって，(4)は適切である。

正解：(1)　正解率：66.32%

公式テキスト　第2編7-3「登録金融機関の行為規制」

問－34　損失補てん等の禁止

金融商品取引法における損失補てん等の禁止に関する記述について，適切でないものは次のうちどれですか。

(1)　金融商品取引業者等の違法または不当行為（事故）によって顧客に損失が生じた場合，当該金融商品取引業者等は，一定の手続を経ることにより，損失を補てんすることができる。

(2)　有価証券の売買について，顧客から金融商品取引業者等に損失補てんを要求する行為は禁止されている。

(3)　顧客が金融商品取引業者等から補てんを受けた財産上の利益は，没収の対象となる。

(4)　損失補てんを行った金融商品取引業者等に対しては刑罰が科されることはあるが，当該金融商品取引業者等の役職員に刑罰が科されることはない。

解答ポイント＆正解

金融商品取引業者等の違法または不当行為（事故）によって顧客に損失が生じた場合，当該金融商品取引業者等は，一定の手続を経ることにより，損失を補てんすることができる。よって，(1)は適切である。

有価証券の売買について，顧客から金融商品取引業者等に損失補てんを要求する行為は禁止されている。よって，(2)は適切である。

顧客が金融商品取引業者等から補てんを受けた財産上の利益は，没収の対象となる。よって，(3)は適切である。

損失補てんを行った金融商品取引業者等の役職員は，刑罰の対象となる。よって，(4)は適切でなく，これが本問の正解である。

正解：(4)

正解率：86.98%

公式テキスト 第2編7-3「登録金融機関の行為規制」

問―35 風説の流布

金融商品取引法における風説の流布に関する記述について，適切でないものは次のうちどれですか。

(1) 風説の流布によって相場を変動させた場合，刑罰が科されるほか課徴金が課されることもあり，それによって得られた財産は，原則として没収される。

(2) 風説の流布については，有価証券の募集等の取引のため，または有価証券等の相場の変動を図る目的をもってなされることに加えて，行為者が証券取引を行うことが必要である。

(3) 風説については，完全な虚偽であるとまで立証されることは必要でない。

(4) 風説の流布とは，不特定または多数人に伝えることであり，特定の者だけに伝えても，順次，不特定または多数人に広まる場合は，風説の流布とされる可能性がある。

解答ポイント＆正解

風説の流布によって相場を変動させた場合，刑罰が科されるほか，それによって得られた財産は，原則として没収される。また，法規制の実効性を確保するという行政目的を達成するため，行政上の措置として課徴金が課されることもある。よって，(1)は適切である。

風説の流布は，有価証券の募集等の取引のため，または有価証券等の相場の変動を図る目的をもってなされることが違法要件として必要である。しかし，行為者が証券取引を行うかどうかは問われていない。よって，(2)は適切でなく，これが本問の正解である。

風説については，完全な虚偽とまで立証されることは必要ではなく，違反行為者が直接認識していない真偽不明の不確かな情報，いわゆる風評の類を意味すると解されている。よって，⑶は適切である。

風説の流布とは，不特定または多数人に伝えることであり，特定の者だけに伝えても，順次，不特定または多数人に広まる場合は，風説の流布とされる可能性がある。よって，⑷は適切である。

正解：⑵　正解率：84.93%

公式テキスト　第2編7-5「風説の流布，偽計，暴行または脅迫の禁止」

問－36　浮貸し

浮貸しに関する記述について，適切でないものは次のうちどれですか。

⑴　自金融機関の審査基準で融資できなかったので，審査基準の異なる系列ノンバンクを紹介して手数料を得る場合，浮貸しの罪に問われることはない。

⑵　浮貸しの罪は金融機関の役職員の行為を罰する規範であるから，融資を受けた者や当該金融機関が処罰されることはない。

⑶　浮貸しの構成要件である「金銭の貸付」には，手形割引による金銭の交付が含まれる。

⑷　金融機関の役職員が，自己の利益を図る目的がなくとも，当該金融機関の利益を図る目的があれば，浮貸しの構成要件である第三者の利益を図る目的があるといえる。

解答ポイント＆正解

自金融機関の審査基準で融資できなかったので，系列ノンバンクを紹介して手数料を得る行為は，職務上の正当な行為と考えられるので，浮貸しには該当しない。よって，⑴は適切である。

浮貸しの罪により処罰されるのは，その行為をした金融機関の役職員であり，融資を受けた者や当該金融機関は処罰の対象に含まれない。よって，⑵

は適切である。

浮貸しの構成要件である「金銭の貸付」には，手形割引による金銭の交付が含まれる。よって，(3)は適切である。

浮貸しが成立するためには，自己または当該金融機関以外の第三者の利益を図る目的が必要である。したがって，当該金融機関の利益を図る目的は，浮貸しの構成要件には該当しない。よって，(4)は適切でなく，これが本問の正解である。

正解：(4)　正解率：13.75%

公式テキスト　第2編5-7「浮貸し」

問－37　導入預金

導入預金に関する記述について，適切でないものは次のうちどれですか。

(1)　導入預金とは，預金者または媒介者が金融機関を間に置き，預金者が預金することと引換えに，特定の第三者に対して金融機関が融資（保証）する約束をしたときの当該預金のことをいうが，融資（保証）の担保として預金に担保権が設定されていれば導入預金ではない。

(2)　預金者が第三者と通謀していなくても，導入預金罪が成立する。

(3)　預金者と融資先との間の裏金利等の特別の利益目的の存在について，金融機関の役職員がこれを知らない場合であっても，金融機関の役職員は処罰される可能性がある。

(4)　導入預金であっても，金融機関は預金者による預金払戻請求には応じなければならない。

解答ポイント＆正解

導入預金とは，預金者または媒介者が金融機関を間に置き，預金者が預金することと引換えに，特定の第三者に対して金融機関が融資（保証）する約束をしたときの当該預金のことをいうが，融資（保証）の担保として預金に担保権が設定されていれば導入預金ではない。よって，(1)は適切である。

預金者が第三者と通謀していることが，導入預金の構成要件である。よって，(2)は適切でなく，これが本問の正解である。

導入預金について，金融機関の役職員は，預金者と融資先との間の裏金利等の特別の利益目的の存在を知らない場合であっても，無過失の証明がない限り処罰される可能性がある。よって，(3)は適切である。

判例は，導入預金であっても契約自体は私法上無効のものとはいえないと解しているため，金融機関は預金者による預金払戻請求には応じなければならない。よって，(4)は適切である。

正解：(2)　正解率：35.46%

（公式テキスト）第2編5-8「導入預金」

問−38　偽造・盗難カード等預貯金者保護法

偽造・盗難カード等預貯金者保護法に関する記述について，適切なものは次のうちどれですか。

(1)　偽造・盗難カード等預貯金者保護法は，窓口での不正払戻しにも適用される。

(2)　偽造カード等による機械式預貯金払戻しについて，不正払戻しが預貯金者の故意にもとづく場合には，金融機関に過失が認められても，当該金融機関は免責される。

(3)　盗難カード等による機械式預貯金払戻しについて，金融機関が不正な払戻しに関して善意無過失で，当該払戻しが預貯金者の配偶者によって行われたことを証明した場合には，当該金融機関の補てん義務が4分の3に軽減される。

(4)　盗難カード等について金融機関が補てん責任を負うのは，金融機関に対して盗取された旨の通知が行われた日の3か月前の日以後の不正払戻しである。

解答ポイント＆正解

偽造・盗難カード等預貯金者保護法は，窓口での不正払戻しには適用されない。よって，⑴は適切でない。

偽造カード等による機械式預貯金払戻しについて，①払戻しが預貯金者の故意にもとづく場合，または②金融機関が善意無過失で，預貯金者に重大な過失がある場合に限り，金融機関は免責される。預貯金者に故意が認められるのであれば，金融機関に過失があっても金融機関は免責される。よって，⑵は適切であり，これが本問の正解である。

盗難カード等による機械式預貯金払戻しについて，金融機関が不正な払戻しに関して善意無過失で，当該払戻しが預貯金者の配偶者によって行われたことを証明した場合には，当該金融機関は補てん義務を免れる。よって，⑶は適切でない。

盗難カード等について金融機関が補てん責任を負うのは，金融機関に対して盗取された旨の通知が行われた日（被害届が提出された日）の30日前の日以後の不正払戻しである。よって，⑷は適切でない。

正解：⑵　正解率：27.26%

公式テキスト 第2編3-9「偽造・盗難カードにおける預貯金者の保護」

振り込め詐欺救済法

振り込め詐欺救済法に関する記述について，適切なものは次のうちどれですか。

⑴　金融機関に対し，消費生活センターから犯罪利用預金口座として使用されている旨が通報された場合，その他の事情を勘案すれば犯罪利用預金口座である疑いがあると認められるときには，金融機関は当該口座に係る取引の停止等の措置を適切に講ずるものとされている。

⑵　預金保険機構が被害回復分配金の支払手続の開始に係る公告をしたときは，被害者は所定の期間内に預金保険機構に対し，被害回復分配金の支払いの申請を行う必要がある。

⑶　犯罪利用預金口座に係る預金債権の消滅手続は，捜査機関が預金保険機構に対して公告を求め，預金保険機構が遅滞なく法定事項を公告する。

⑷　被害回復分配金の支払手続がすべて終了した後で残余金がある場合には，金融機関は預金口座の名義人に返還する必要はなく，これを雑収入として計上することができる。

解答ポイント＆正解

消費生活センターから犯罪利用預金口座として使用されている旨が通報された場合，その他の事情を勘案すれば犯罪利用預金口座である疑いがあると認められるときには，金融機関は当該口座に係る取引の停止等の措置を適切に講じなければならない。よって，⑴は適切であり，これが本問の正解である。

預金保険機構が被害回復分配金の支払手続の開始に係る公告をしたときは，被害者は所定の期間内に，預金保険機構ではなく金融機関に対し，被害回復分配金の支払いの申請を行う必要がある。よって，⑵は適切でない。

犯罪利用預金口座に係る預金債権の消滅手続は，捜査機関ではなく金融機関が預金保険機構に対して公告を求め，預金保険機構が遅滞なく法定事項を公告する。よって，⑶は適切でない。

被害回復分配金の支払手続がすべて終了した後で残余金がある場合には，金融機関は預金保険機構に対して当該残余財産を納付しなければならない。よって，⑷は適切でない。

正解：⑴　正解率：69.96％

公式テキスト　第2編3-10「振り込め詐欺による被害者の保護」

問―40　著作権

著作権に関する記述について，適切でないものは次のうちどれですか。

⑴　著作権は，登録がされていなくても，第三者の妨害を排除する等の権利を有している。

⑵　金融機関の職員が，顧客のために書籍を複製し利用することは，私的使用として著作権法上，許容される。

⑶　著作権法では，著作物についての複製権のほか，上演権，口述権，展示権，翻訳権などといった権利を著作財産権として保護している。

⑷　著作権を侵害した場合は，刑罰の対象となりうる。

解答ポイント＆正解

著作権は，登録がされていなくても，第三者の妨害を排除する等の権利を有している。よって，⑴は適切である。

著作権法には，著作者の許諾なく著作物を利用できる例外規定があり，「私的使用」もこれにあたるが，私的使用は，個人が複製したものを個人的に利用する場合に限られ，顧客のために複製し利用することは私的使用にはあたらず，著作権法違反となる。よって，⑵は適切でなく，これが本問の正解である。

著作権法では，複製権，上演権，口述権，展示権，翻訳権などの著作財産権を保護している。よって，⑶は適切である。

著作権侵害行為がなされると，民事的には損害賠償責任が発生するほか，刑事事件化することもありうる。したがって，刑罰の対象となりうる。よって，⑷は適切である。

正解：⑵

正解率：88.67%

公式テキスト　第2編8-6「著作権」

内部のリスク管理態勢とコンプライアンス

問－41 文書提出命令

文書提出命令に関する記述について，適切なものは次のうちどれですか。

⑴ 文書の名称や趣旨を明らかにできないときは，文書提出命令の申立てをすることはできない。

⑵ 貸出稟議書は，金融機関と借主との間の法律関係の形成過程を示す文書であるから，常に文書提出命令の対象になる。

⑶ 訴訟の当事者の一方が文書提出命令に従わなかった場合，裁判所は当該文書の記載に関する相手方の主張を真実と認定しなければならない。

⑷ 裁判所は，文書提出命令の申立書に記載された文書について所持者が提出義務を負うかどうかの判断をするため，必要があるときは，文書の所持者にその文書を実際に提示させたうえで，文書の提出を命じることができる。

解答ポイント＆正解

文書提出命令の申立てをするには，①文書の表示，②文書の趣旨，③文書の所持者，④証明すべき事実，⑤文書の提出義務の原因，を明らかにする必要があるが，文書の表示や文書の趣旨を明らかにすることが著しく困難であるときは，その申立ての時においては，これらの事項に代えて，文書の所持者がその申立てに係る文書を識別することができる事項を明らかにすれば足りる。よって，⑴は適切でない。

貸出稟議書は，特段の事情のない限り，「もっぱら文書の所持者の利用に供するための文書」（自己利用文書）にあたる。したがって，金融機関は原則として，貸出稟議書について文書提出義務を負わない。よって，⑵は適切でない。

訴訟の当事者が文書提出命令に従わない場合，その当事者に敗訴の危険を負わせることが，文書提出命令の実効性を確保する観点からみて合理的である。そこで，当事者が文書提出命令に従わないときは，裁判所は，当該文書の記載に関する相手方の主張を真実と認めることができる。しかし，真実と認定しなければならないわけではない。よって，⑶は適切でない。

文書提出命令の申立てがあった場合，裁判所は，申立書に記載された文書の表示や趣旨などにもとづいて，文書の所持者が文書提出義務を負うかの判断をするのが原則である。しかし，裁判所は，民事訴訟法所定の除外文書に該当するかどうかの判断をするため必要があると認めるときは，文書の所持者にその文書の提示をさせることができる。いわゆるイン・カメラ手続と呼ばれるものである。よって，⑷は適切であり，これが本問の正解である。

正解：⑷

正解率：62.18%

公式テキスト **第3編2-2「民事訴訟における文書提出命令」**

問ー42 任意後見制度

任意後見制度に関する記述について，適切でないものは次のうちどれですか。

⑴ 任意後見制度は，本人に判断能力が備わっている間に，自分の希望する内容で任意後見契約を締結するものであり，本人の自己決定権を最大限に尊重した制度である。

⑵ 任意後見契約は，家庭裁判所によって任意後見監督人が選任されることによって効力を生じる。

⑶ 任意後見契約の契約様式は，とくに定められていない。

⑷ 任意後見制度については，民法とは別の特別法において規定されている。

解答ポイント＆正解

任意後見制度は，本人に判断能力が備わっている間に，自分の希望する内容で任意後見契約を締結するものであり，本人の自己決定権を最大限に尊重した制度である。よって，(1)は適切である。

任意後見契約は，家庭裁判所によって任意後見監督人が選任されることによって効力を生じる。よって，(2)は適切である。

任意後見契約は公正証書によって締結しなければならない。よって，(3)は適切でなく，これが本問の正解である。

任意後見制度については，民法とは別の「任意後見契約に関する法律」という特別法において規定されている。よって，(4)は適切である。

正解：(3)　正解率：79.43%

公式テキスト　第2編3-3「成年後見制度」

問―43　後見登記制度

後見登記制度に関する記述について，適切でないものは次のうちどれですか。

(1)　何人も，自己について後見登記がなされていないことの証明書の発行を請求することができる。

(2)　保佐人または補助人に代理権が付与されたときは，その旨だけが後見登記等ファイルに記録されるので，具体的な代理権の範囲は，保佐開始または補助開始の審判書で確認する必要がある。

(3)　後見開始の審判が確定したときは，裁判所書記官が登記所に対し登記を嘱託する。

(4)　後見開始の審判があったとの届出を受けた金融機関は，法務局に登記事項証明書の交付を請求することができない。

解答ポイント＆正解

後見登記制度においては，何人も，自己について後見登記がなされていないことの証明書の発行を請求することができる。よって，(1)は適切である。

保佐人または補助人の代理権の範囲は，後見登記等ファイルに記録されるので，当該登記を確認することで権限の範囲を確認することができる。よって，(2)は適切でなく，これが本問の正解である。

後見開始の審判が確定したときは，裁判所書記官が登記所に対し登記を嘱託する。よって，(3)は適切である。

成年被後見人等の登記事項証明書の交付を請求できる者は，取引の安全の保護と本人のプライバシー保護の調和を図る観点から一定の範囲の者に限定されており，金融機関は交付を請求することができない。よって，(4)は適切である。

正解：(2)　正解率：47.25%

公式テキスト 第2編3-3「成年後見制度」

問−44 インサイダー取引規制

インサイダー取引規制に関する記述について，適切でないものは次のうちどれですか。

(1) 上場会社の役員から未公表の重要事実の伝達を受けた者は，規制の対象となる。

(2) 上場会社株式を合併により承継する行為は，インサイダー取引の規制対象となる。

(3) 未公表の重要事実を伝達することは禁止されているが，違反者が処罰されるのは，情報伝達を受けた者が実際に売買等をした場合に限られる。

(4) インサイダー取引によって得られた財産は没収されるが，没収できない場合は課徴金の納付が命令される。

解答ポイント＆正解

上場会社の役員から未公表の重要事実の伝達を受けた者は，規制の対象となる。よって，(1)は適切である。

上場会社株式を合併により承継する行為は，インサイダー取引の規制対象となる。よって，(2)は適切である。

未公表の重要事実を伝達することは禁止されているが，違反者の処罰にあたっては，情報伝達を受けた者が実際に売買等をしたことが要件となる。よって，(3)は適切である。

インサイダー取引によって得られた財産は没収され，没収できない場合は追徴される。課徴金納付命令は行政上の措置であり，追徴とは異なる。よって，(4)は適切でなく，これが本問の正解である。

正解：(4)　正解率：5.33%

公式テキスト　第2編7-7「内部者取引（インサイダー取引）の禁止」

問－45　各種公的機関からの照会と対応

公的機関からの照会に関する記述について，適切でないものは次のうちどれですか。

(1)　捜査当局から令状によらない任意捜査による捜査関係事項照会を受けて回答した場合は，守秘義務に違反する。

(2)　弁護士会から顧客について照会請求があった場合，正当な理由がない限り，金融機関の報告義務があるとされている。

(3)　税務署から滞納処分のための調査依頼を受けた場合，税務調査が適法であれば協力しても守秘義務に違反しない。

(4)　国税滞納者調査に関して税務署員の質問に対して答弁しなかった場合，金融機関職員は罰せられる可能性がある。

解答ポイント＆正解

任意捜査に協力してもその捜査が適法であれば，守秘義務違反に問われることはない。よって，(1)は適切でなく，これが本問の正解である。

弁護士会から顧客について照会請求があった場合，正当な理由がない限り，金融機関の報告義務があるとされている。よって，⑵は適切である。

税務署から滞納処分のための調査依頼を受けた場合，税務調査が適法であれば協力しても守秘義務に違反しない。よって，⑶は適切である。

国税滞納者調査に関して税務署員の質問に対して答弁しなかった場合，金融機関職員は罰せられる可能性がある。よって，⑷は適切である。

正解：⑴　正解率：65.41%

公式テキスト　第2編3-5「守秘義務」

問ー46　代筆

代筆に関する記述について，適切でないものは次のうちどれですか。

⑴　預金取引における職員による代筆は，他に代筆する者がいない場合に限定して行うべきである。

⑵　代筆による取引が本人の意思によるものではなかった場合でも，本人が追認すれば当該取引は有効となる。

⑶　預金取引において，親族等の同行者が代筆する場合でも，金融機関の職員が代筆する場合でも，金融機関の複数の職員が確認し，確認した事実を記録として残すことが必要である。

⑷　本人の意思を十分に確認しないまま，あるいは確認しないで代筆した場合，当該取引が無効となるおそれがあるが，代筆した職員が刑罰を科されることはない。

解答ポイント＆正解

預金取引における職員による代筆は，他に代筆する者がいない場合に限定して行うべきである。よって，⑴は適切である。

代筆による取引が本人の意思によるものでなかった場合でも，本人が追認すれば当該取引は有効となる。よって，⑵は適切である。

預金取引において，親族等の同行者が代筆する場合でも，金融機関の職員が代筆する場合でも，後日のトラブルに備えて，金融機関の複数の職員が確認し，確認した事実を記録としてしっかりと残すことが必要である。よって，(3)は適切である。

本人の意思を十分に確認しないまま，あるいは確認しないで代筆した場合，取引を行う意思がなかったことなどを理由に，当該取引が無効となるおそれがある。また，代筆した職員は刑事上の責任を追及されるおそれがある。よって，(4)は適切でなく，これが本問の正解である。

正解：(4)　**正解率：73.42%**

(公式テキスト) **第2編3-8「職員による代筆」**

問－47 保証

保証に関する記述について，適切でないものは次のうちどれですか。

(1) 保証人になってもらう人が遠隔地に住んでいるような場合であっても，保証意思の確認は金融機関の職員が直接面談して行うべきである。

(2) 事業のために負担する貸金等債務について，主債務者の財産および収支の状況等の情報を主債務者から提供されずに保証人となった個人は，情報提供がされていないことにつき金融機関が善意無過失であっても，当該保証契約を取り消すことができる。

(3) 取締役会が設置された株式会社において，当該会社にとって金額が多額である保証契約を締結する場合，取締役会の決議が必要である。

(4) 保証契約を締結しようとする場合，保証人に対し，原則として，保証契約の形式的な内容にとどまらず，保証の法的効果とリスクについて，最良のシナリオだけではなく，実際に保証債務を履行せざるをえない事態を想定した説明をしなければならない。

解答ポイント＆正解

保証契約を締結する際には，金融機関の職員が保証人本人と直接面談して保証意思を確認するのが原則である。保証人が遠隔地に住んでいて，主債務者から「私が保証人の署名捺印をもらってきます」といった申し出を受けたとしても，必ず保証人本人と面談すべきである。よって，⑴は適切である。

事業のために負担する貸金等債務の主債務者は，保証の委託をする場合，委託を受ける個人に対し，主債務者の財産および収支の状況等の情報を提供しなければならないが，主債務者が当該情報を提供せず，または事実と異なる情報を提供したために委託を受けた者がその事項について誤認をし，それによって保証契約の申込またはその承諾の意思表示をした場合において，主債務者がその事項に関して情報を提供せず，または事実と異なる情報を提供したことを債権者（金融機関）が知り，または知ることができたとき（悪意または有過失）に，保証人は保証契約を取り消すことができるのであり，善意無過失の場合は保証契約を取り消すことができない。よって，⑵は適切でなく，これが本問の正解である。

その会社にとって金額が多額である保証契約を締結する場合，取締役会設置会社においては取締役会の決議が必要である。よって，⑶は適切である。

保証契約を締結しようとする場合，保証人に対し，原則として，保証契約の形式的な内容にとどまらず，保証の法的効果とリスクについて，最良のシナリオだけではなく，実際に保証債務を履行せざるをえない事態を想定した説明をしなければならない。よって，⑷は適切である。

正解：⑵　正解率：58.67%

公式テキスト　第2編3-7「保証」

※保証に関し，金融庁監督指針が改正され，令和5年4月1日より適用されている。主な改正点は，以下のとおりである。

- **個人保証契約に関し，保証人に対し説明した旨を確認し，その結果等を書面または電子的方法で記録する。**
- **「経営者保証に関するガイドライン」を融資慣行として浸透・定着させるための取組方針等を公表するよう，金融機関に促す。**

（金融庁ウェブサイトも参照のうえ作成）

問－48　電子記録債権

電子記録債権に関する記述について，適切なものは次のうちどれですか。

⑴　電子記録債権は，債権者と債務者の双方が電子債権記録機関に発生記録の請求をしたときに発生する。

⑵　債権者と債務者の双方が合意さえすれば，電子記録債権の譲渡の効力が生じる。

⑶　電子記録債権は，これを行使することができる時から3年間行使しない場合は，時効によって消滅する。

⑷　電子記録債権は，あらかじめ口座間送金決済に関する契約が締結されているときに，債務者口座から債権者口座に対する払込による支払いが行われた場合であっても，支払等記録がなされたときに消滅の効力が生じる。

解答ポイント＆正解

電子記録債権は，債権者と債務者の双方が電子債権記録機関に発生記録の請求をしたときに発生するのではなく，その請求を受けて電子債権記録機関が発生記録をしたときに発生する。よって，⑴は適切でない。

電子記録債権の譲渡は，譲渡人と譲受人が合意をするだけでなく，譲渡記録をしなければ，その効力を生じない。よって，⑵は適切でない。

電子記録債権は，これを行使することができる時から3年間行使しない場合は，時効によって消滅する。よって，⑶は適切であり，これが本問の正解である。

電子記録債権も金銭債権である以上，支払等記録がなくても，弁済によって消滅する。よって，⑷は適切でない。

正解：(3)　正解率：49.84%

問ー49　パワーハラスメント

職場におけるパワーハラスメントに関する記述について，適切でないものは次のうちどれですか。

(1)　職場において行われる，①優越的な関係を背景とした言動，②業務上必要かつ相当な範囲を超えた言動，③労働者の就業環境が害される，という3つの要素のいずれかを満たすものを，職場におけるパワーハラスメントという。

(2)　同僚または部下による言動で，当該言動を行う者が業務上必要な知識や豊富な経験を有しており，当該者の協力を得なければ業務の円滑な遂行を行うことが困難であるものは，「優越的な関係を背景とした言動」に該当する可能性がある。

(3)　行為の回数，行為者の数等，その態様や手段が社会通念に照らして許容される範囲を超える言動は，「業務上必要かつ相当な範囲を超えた言動」に該当する可能性がある。

(4)　職場のパワーハラスメントに該当する代表的な言動の類型として，①身体的な攻撃，②精神的な攻撃，③人間関係からの切り離し，④過大な要求，⑤過小な要求，⑥個の侵害，の6つの類型がある。

解答ポイント＆正解

職場におけるパワーハラスメントとは，職場において行われる，①優越的な関係を背景とした言動であって，②業務上必要かつ相当な範囲を超えたものにより，③労働者の就業環境が害されるもの，という3つの要素をすべて満たすものをいう。よって，(1)は適切でなく，これが本問の正解である。

同僚または部下による言動で，当該言動を行う者が業務上必要な知識や豊富な経験を有しており，当該者の協力を得なければ業務の円滑な遂行を行うことが困難であるものは，「優越的な関係を背景とした言動」に該当する可能性がある。よって，(2)は適切である。

行為の回数，行為者の数等，その態様や手段が社会通念に照らして許容される範囲を超える言動は，「業務上必要かつ相当な範囲を超えた言動」に該当する可能性がある。よって，(3)は適切である。

職場のパワーハラスメントに該当する代表的な言動の類型として，①身体的な攻撃，②精神的な攻撃，③人間関係からの切り離し，④過大な要求，⑤過小な要求，⑥個の侵害，の６つの類型がある。よって，(4)は適切である。

正解：(1)　**正解率：17.80%**

公式テキスト　**第3編4-4「パワーハラスメント」**

問—50　労働契約法

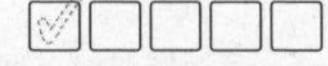

労働契約法に関する記述について，適切なものの組合せは次のうちどれですか。

(a)　労働契約法では，就業規則の重要性が相対的に低下していることが示されるとともに，企業は従業員が健康かつ安全に仕事ができるように必要な配慮をするものとされ，解雇の要件が厳格化された。

(b)　労働者と使用者が労働契約を締結するにあたり，使用者が合理的な労働条件が定められている就業規則を労働者に周知させていた場合には，労働契約の内容は，その就業規則で定める労働条件となることが労働契約法に定められている。

(c)　労働契約法は，労働者と使用者との関係が交渉力において差があることや契約関係が不明確である点を，いわば労使対等の立場での合意原則として明確にすることを目的としている。

(d)　有期労働契約が繰り返し更新されて通算５年を超えた場合には，労働者からの申込の有無にかかわらず，当然に無期労働契約に転換しなければならない。

(1)　(a)，(b)

(2)　(b)，(c)

(3)　(c)，(d)

(4)　(a)，(d)

解答ポイント＆正解

労働契約法では，就業規則は会社と従業員の間を律するものとしてその重要性が明文化された。また，企業は従業員が健康かつ安全に仕事ができるよう必要な配慮をすることが義務付けられるとともに，解雇の要件が厳格化された。このように，就業規則の重要性は増しているのであって，就業規則の重要性が相対的に低下しているなどということはない。よって，(a)は適切でない。

労働者と使用者が労働契約を締結するにあたり，使用者が合理的な労働条件が定められている就業規則を労働者に周知させていた場合には，労働契約の内容は，その就業規則で定める労働条件となることが労働契約法に定められている。よって，(b)は適切である。

労働契約法は，労働者と使用者との関係が交渉力において差があることや契約関係が不明確である点を，いわば労使対等の立場での合意原則として明確にすることを目的としている。よって，(c)は適切である。

有期労働契約が繰り返し更新されて通算５年を超えた場合には，労働者は使用者に対して無期労働契約の締結を申し込むことができ，使用者はその申込を承諾したものとみなされる。しかし，労働者からの申込がない場合においても当然に無期労働契約に転換しなければならないというわけではない。よって，(d)は適切でない。

以上より，(2)が本問の正解である。

正解：(2)

正解率：59.40%

公式テキスト　**第3編4-4「パワーハラスメント」**

☆　本書の内容等に関する訂正等について　☆

本書の内容等につき発行後に誤記の訂正等の必要が生じた場合には，当社ホームページに掲載いたします。

（ホームページ 書籍・DVD・定期刊行誌 メニュー下部の 追補・正誤表 ）

金融コンプライアンス・オフィサー２級問題解説集　2024年10月受験用

2024年7月29日　第1刷発行

編　者　日本コンプライアンス・オフィサー協会

発行者　髙　橋　春　久

発行所　㈱経済法令研究会

〒162-8421　東京都新宿区市谷本村町3-21

電話　03-3267-4811（代）

https://www.khk.co.jp/

営業所／東京03(3267)4812　大阪06(6261)2911　名古屋052(332)3511　福岡092(411)0805

印刷・製本／富士リプロ㈱

ISBN 978-4-7668-7332-0

2024年10月実施　第159回　銀行業務検定試験
第63回　コンプライアンス・オフィサー認定試験
第７回　社会人ホスピタリティ検定試験

		種目	出題形式	試験時間	受験料（税込）
実施日 2024年 10月27日（日） 受付期間 2024年 8月19日（月）〜 9月4日（水）【必着】	午前	法務３級	五答択一マークシート式　50問	120分	5,500円
	午前	法務４級	三答択一マークシート式　50問	90分	4,950円
	午前	資産形成アドバイザー３級	四答択一マークシート式〈一部事例付〉　50問	120分	5,500円
	午前	年金アドバイザー３級	五答択一マークシート式〈一部事例付〉　50問	120分	5,500円
	午前	金融コンプライアンス・オフィサー２級	四答択一マークシート式　50問	120分	5,500円
	午前	保険コンプライアンス・オフィサー２級	四答択一マークシート式　50問	120分	5,500円
	午前	金融ＡＭＬオフィサー［実践］	三答択一マークシート式　50問	90分	5,500円
	午前	金融ＡＭＬオフィサー［基本］	三答択一マークシート式　50問	90分	4,950円
	午前	社会人ホスピタリティ［基本］	三答択一マークシート式　50問	90分	4,950円
	午後	法務２級	三答択一付記述式　10題	180分	8,250円
	午後	財務２級	記述式　10題	180分	8,250円
	午後	税務３級	五答択一マークシート式　50問	120分	5,500円
	午後	証券３級	五答択一マークシート式　50問	120分	5,500円
	午後	外国為替３級	五答択一マークシート式　50問	120分	5,500円
	午後	資産形成アドバイザー２級	五答択一式　20問、計算・記述式　6題	180分	8,250円
	午後	相続アドバイザー３級	四答択一マークシート式〈一部事例付〉　50問	120分	5,500円
	午後	保険販売３級	四答択一マークシート式　50問	120分	5,500円
	午後	営業店マネジメントⅠ	記述式　10題	180分	9,900円
	午後	営業店マネジメントⅡ	四答択一式　40問、記述式　6題	180分	8,800円
	午後	事業承継アドバイザー３級	四答択一マークシート式〈一部事例付〉　50問	120分	5,500円
	午後	金融コンプライアンス・オフィサー１級	記述式　10題	180分	8,250円
	午後	社会人ホスピタリティ［実践］	四答択一マークシート式〈一部事例付〉　50問	120分	6,600円

▶▶お知らせ◀◀

※実施日、受付期間、種目については状況によって変更する場合があります。
※各種目の受験料は、消費税10％にて表示しています。消費税率変更の場合は変更税率に準じます。
※試験の時間帯（午前・午後）が異なる種目であれば、同一実施日に２種目までお申込みが可能です。

検定試験運営センターでは、日本コンプライアンス・オフィサー協会が主催する認定試験および日本ホスピタリティ検定協会が主催する検定試験を銀行業務検定試験と併行して実施しています。

(2405-ODP)